学びをつなぐ
小学校外国語教育のCLIL実践
「知りたい」「伝え合いたい」「考えたい」を育てる

編著

笹島 茂
山野 有紀

執筆

磯部 聡子
町田 淳子
坂本 ひとみ
滝沢 麻由美
祁答院 惠古
高野 のぞみ
松浦 好尚
大城戸 玲子
蒲原 順子
一柳 啓子
宮田 一士
Heini Marja Pakula
Taina Wewer

SANSHUSHA

もくじ

小学校における英語教育とCLIL　　5

CLILとは　　6

フィンランドの小学校のCLIL実践に学ぶ　　7

日本の小学校外国語教育におけるCLIL教育実践　　25

小学校外国語教育におけるCLIL授業案とその展開　33

1 　『世界の動物たち』　山野有紀・磯部聡子　35
　　図工、音楽、理科、社会、道徳と関連したCLIL授業

2 　『水の旅』　町田淳子　51
　　社会、理科、家庭科、国語と関連した国際理解教育としてのCLIL授業

3 　『福島県南相馬とトルコの子どもたちのビデオ交流プロジェクト』　坂本ひとみ　67
　　国語、社会、理科、図工と関連したCLIL授業

4 　『エネルギー（ソーラーパワー）』　滝沢麻由美　83
　　理科［主に］、図工、音楽、国語、算数、社会と関連したCLIL授業

5 　『世界の小学校』　祁答院惠古　99
　　総合的な学習の時間、情報・図書、社会と関連したCLIL授業

6 　『立体を探そう！』　高野のぞみ　115
　　算数、図工、体育、社会と関連したCLIL授業

7 　『世界と日本―オリンピック』　松浦好尚　131
　　社会、総合的な学習の時間と関連したCLIL授業

8 　『アフリカに日本の未来がある』　大城戸玲子　147
　　社会、国語、家庭科、道徳、総合的な学習の時間と関連したCLIL授業

9 　『何の卵？』　蒲原順子　163
　　理科と関連したCLIL授業

10 　『ヘルシーサンドイッチを作ろう』　一柳啓子　179
　　家庭科、国語と関連しCLIL授業

11 　"Welcome to Nikko."　宮田一士　187
　　社会、国語、総合的な学習の時間と関連した国際理解教育としてのCLIL授業

CLIL授業における評価について――すべての児童の学びをみとる評価の工夫　　195

小学校における英語教育とCLIL

CLIL（Content and Language Integrated Learning: 内容と言語を統合した学習）と小学校教育はとても相性がよいとずっと思っていたので、小学校の先生がCLILに関心を持つことは自然なことです。CLILは、そもそも学ぶ内容とことば（英語と日本語）が統合される学習なので、小学校の多様な活動のなかではとても生きる教育です。さらに、CLILは多言語多文化の意識を培うことも大切にしています。日本で行われている国際理解教育はCLILの学習に重なります。たとえば、横浜市が推進している国際理解教育の実践（外国人講師（IUI: International Understanding Instructor）による「小学校国際理解教室」）はまさにCLILと言ってもよいでしょう。すでにCLILの素地が小学校教育にはあるのです。

2020年度から小学校にも正式に英語が教科として組み込まれます。すでに前倒しで多彩な英語活動が展開されています。韓国、台湾、中国でも2000年初頭に急速に英語教育を導入しましたが、結局、現在は英語専科の教師を中心に教えるようになっているのが実態です。カリキュラム、シラバス、教材、教具、ネイティブスピーカーなど、教育環境が整備されたとしても、英語教育は決してうまくいくわけではありません。日々の児童の教育にかかわる教師の存在が最も大切です。その教師に中途半端なトレーニングや型にはまった授業を押し付けることは得策ではありません。

日本の小学校教育および教師は、世界でもトップクラスです。本書で紹介されているCLIL授業は、外国語活動の実践のなかで培われたノウハウが詰まっています。そこからさらに発展できる提案もなされています。しかし、CLILは魔法ではありません。シンプルな学習であり教育です。ただし、日本のように日本語が中心で内向きの文化指向では、CLILは多少わかりにくいのかもしれません。CLILの目標は、学習内容を外国語（英語）でも思考しコミュニケーションできることです。そこでは当然、文化間（相互文化）コミュニケーション能力（ICC: Intercultural Communicative Competence）も育成されます。私は、CLILを介してこのICCが教師と児童の双方に育成されることを期待しています。

CLILは多様で柔軟です。その多面性があるからこそ、CLILはとても魅力的なのです。「これがCLILだ」というのは危険です。世界中のどこでも小学校教育ほど重要な教育はありません。世界は多言語多文化が基本になりつつあります。日本も実際そうなっています。そのことを意識すべきです。そこではCLILの教育が必要です。本書にはそのエッセンスが多く提示されています。私自身は、CLILによって言語学習観を変えることができました。CLILは児童の何かを変えることができると信じています。

笹島　茂

CLILとは

　CLILは、Content and Language Integrated Learningの略称です。

　教科科目やテーマの内容（Content）の学習と外国語（Language）の学習を組み合わせた学習（指導）の総称で、日本では、「クリル」あるいは「内容言語統合型学習」と呼ばれ定着しつつあります。

　主に英語を通して、何らかのテーマや教科科目（数学・算数、理科、社会、音楽、体育、家庭科など）を学ぶ学習形態をCLILと呼ぶ傾向があります。

　CLILの主な特徴は、学習内容（Content）にも重きを置き、学習者の思考や学習スキル（Cognition）に焦点を当て、学習者のコミュニケーション能力（Communication）の育成を促し、学習者の文化（Culture）あるいは相互文化（Interculture）の意識を高める点にあると言えるでしょう。

笹島　茂

J-CLIL（日本CLIL教育学会）（https://www.j-clil.com）より

フィンランドの小学校のCLIL実践に学ぶ

フィンランドはいち早くCLILを取り入れました。ここでは、その実践に学び、日本のCLILの展開の参考にできるものを取り上げました。フィンランドに注目する理由はいくつかあります。一つの大きな理由は「英語で授業をする」という無理強いをしないことです。そのために、CLILの展開もかなり柔軟です。つまり、CLILだからこうしなければいけない、あるいは、英語で授業をしなければいけない、とは考えないのです。背景には、教師の自律があります。授業でどのように教えるかは、ある程度教師に任されます。だからと言って勝手に好きなように授業をするということではありません。当然国が定めるカリキュラム(Finnish National Core Curriculum)に沿って指導が行われます。CLILはその枠組みのなかで展開されるわけです。

　二つ目の大きな理由は、一人ひとりの学びを優先することです。型にはまった指導法に執着することなく、学習者個々の学びを支援します。英語授業は、初学の段階では、母語のフィンランド語が多く使われ、次第に英語が使われる比重が高くなり、中学校になるとほぼ英語で授業は行われます。もちろん、教師の裁量で多様なアプローチがあるので一概には言えません。大切な点は、やはり、学びなのです。

　小学校の英語教育のなかではCLIL的な活動がかなり行われるようになっています。もちろん、バイリンガル(あるいはトライリンガル)教育の学校では、英語とフィンランド語(さらにはスウェーデン語)で学びます。各学習者に応じて言語学習と科目内容の要素のバランスを考え、学びを支援し、自律学習を促すように工夫します。文化を理解する能力も活動を通して育成するように努めます。そこに一定の型はなく、各教師が工夫するのです。

　本章ではまず、トゥルク大学教授Heini Marja Pakula氏の考えをもとに、広くヨーロッパでのCLILにおける言語学習について概観します。次に、その点を踏まえて、フィンランドの小学校CLILの現状について背景を含めて、日本の状況に参考となる点を整理して示します。その後で、トゥルク大学付属教員研修学校でCLIL教師として活躍しているTaina Wewer氏の学級担任としての実践をもとに、フィンランドの小学校のCLILについて具体的にCLIL指導のポイントを提示します。日本とフィンランドでは状況がかなり違いますが、フィンランドの状況に合わせてCLILを展開している点が大いに参考になります。日本でも日本の状況に適したCLILを開発する必要があるでしょう。

笹島　茂
Heini Marja Pakula
Taina Wewer

CLILでの言語学習について

2009年に出版された*Handbook: Language in Content Instruction*（Jarvinen, H. M.編著、トゥルク大学出版）の内容をもとに説明します。このハンドブックはヨーロッパのCLILで言語学習をどう扱うかについてまとめたものです。そのなかから小学校のCLILにおける英語学習について3つのポイントを示します。CLILでは言語学習の側面が重要だと考えるからです。

Finnish Tips 1
言語学習のメカニズムは実はよくわかっていない

CLILは、ヨーロッパの言語政策「2言語＋母語」の目的の実現に適した方法です。また、ヨーロッパの人の交流の促進にも有効な方法です。多言語多文化状況に対応するために言語学習をどのようにするかを、CEFR（Common European Framework of Reference for Languages: Learning, teaching, assessment ヨーロッパ言語共通参照枠）は提言しました。しかし、言語学習のメカニズムについては実はあまりよくわかっていません。第2言語習得の研究がそれを示しています。CLILは多くの教育環境で受け入れられるようになり、効果も報告されています。その結果はCLILのポイントが言語の学習だということを示唆しています。言語活動をどのように展開するかが重要です。

Finnish Tips 2
これまでの言語学習方法が結局有効に働く

CLILには独自の指導理念がありますが、言語学習に関しては従来から行われてきた多くの成功事例を有効に取り入れています。成功した事例には、明示的な学習 (explicit learning) よりは暗黙的な学習 (implicit learning) を促す多量の目標言語のインプットがあります。インプットから言語のルールを推測する機会、異なる技能や場面での多くのやりとりの機会、言語を使う機会、ともに学ぶ機会、フォーカス・オン・フォーム (Focus-on-form) などの言語使用に関するフィードバックの機会などがその事例になります。また、言語が使えるようになるには、ドリルのような地道な練習も必要です。CLILの言語学習に何か特別な方法があるということではありません。

Finnish Tips 3
CLILの言語学習は意味と内容に焦点を当てる

CLILの言語学習の特徴は、異なる状況のなかで異なる目的で多様に起こる意味の選択の可能性にあります。さまざまな状況のなかで「その場に合わせた (just-in-time)」意味と内容に焦点を当てることが大切です。具体的には次のように考えます。

> 語がまとまり意味を伝えます。語は意味となります。言語は意味の源です。言語学習はある状況で意味を伝えるための源をさらに広げます。言語発達というのは意味の選択可能性を増やすことです。

フィンランド小学校教育のCLIL──教科科目と教師

　フィンランドでは、1990年代の初頭にCLILを実験的に取り入れました。ヨーロッパでも早くCLILを取り入れた国の一つです。各科目を教える際に言語に対する制約がありません。言語の選択は教師の判断に任されるので、英語を使って教えてもかまわないのです。1980年代のカナダのイマージョンの成功や北米の内容重視の英語教育（CBI: Content-based Instruction）に触発されて、CLILは、スウェーデン語を話す地域でまず始まりました。1996年と2004年の調査で小学校でのCLILの実施状況を比較すると、実は8.4%から5.7%と下がっています。しかし、これは政策的なインセンティブが働いているので、この数字を見て、フィンランドはCLILを実施していないとはなりません。実際には、CLIL的な要素は英語の授業なども含めて浸透していると言ってよいでしょう。

Finnish Tips 4
CLILは、主に理科、算数、芸術の科目で行われている

　CLILは、主に理科、算数、芸術の科目で行われていますが、生物、地理、体育、音楽、宗教などの科目でも実施されています。小学校の学級担任の教師は、対象が具体的で、視覚化され、実践的な活動で進められる授業を好みます。また、テーマに沿った総合的な学習活動はよく実践されています。このような活動が英語などの外国語と結びつき、CLILという形態で進められるのです。先にCLILありきではありません。
　CLILは、中学校、高等学校へと進むにつれて増えていきますが、無理にCLILを推進するということではありません。多くの生徒は英語が必要です。英語で科目を学習することは彼らにとっても望ましいことなのです。しかし、同時に母語のフィンランド語も大切にします。さらには、スウェーデン語や他の言語も必要に応じて学ぶのです。大切な点は学びです。

Finnish Tips 5
小学校教師は英語を話すモデルとなる必要はない

　フィンランドのCLIL教師の大多数は言語教育の指導を外国語教師のように受けていません。英語のできる科目教師（ほぼCEFRでC1程度の英語力）は多いですが、小学校学級担任の教師のなかには英語が堪能ではない人もいます。1996年に行われた調査では、英語力に不安のある小学校教師は、ネイティブスピーカーのように英語を使い、児童のモデルとならなければいけないと考える傾向にあることがわかりました。小学校学級担任の教師がCLILを指導する場合は、もちろんその必要はありません。児童が理解できるように言語を使い、言語を使う際に多様な足場づくりを行うことが大切です。

フィンランド小学校教育のCLIL──目標と言語

Finnish Tips 6
CLILの導入は保護者の希望を受けて

　フィンランドでのCLILの始まりはトップダウンではありません。あちらこちらで始まったのです。フィンランドでは、フィンランド語、スウェーデン語、サーミ語、ロマ語などが使用されているので、どの言語でも教えられます。小学校でCLILを特に推進した要因は保護者の希望です。自分の子どもの学校をやはり魅力的にしたいという要望があり、CLILはその一つの要素として導入されるようになったのです。

Finnish Tips 7
小学校でのCLILの主たる目標は「理解」と「考える力」

　小学校では、英語に触れる機会を多くすることで、英語に興味を持ち、英語学習の意欲を高めることを意図して、ランゲージシャワー(language shower)の活動が効果的と考えられています。習いたての段階では、発話などは限られるので、まず、内容の理解が目標となるからです。児童は色、数字、日付、曜日、具体的な名称などが言える程度です。多くを望んではいけませんが、CLILを通して、母語との対応も考慮しながら、児童の「考える力(thinking skills)」を育成することが大切です。多様な場面で英語に触れることで、考え、推測する力を育成し、学ぶ意欲を育むのです。

Finnish Tips 8
3つの言語の役割を大切にする

　フィンランドでもCLILにおける言語と学習の関係を次のように捉えています。CLIL教師は次の3つの言語の役割をいつも考えて授業を実践します。

- LFL = Language for Learning（学習するために授業で使われる言語）
- LOL = Language of Learning（学習する内容に関係する言語）
- LTL = Language through Learning（学習を通して身につける機能的な言語）

　小学校の英語教育では、授業中の指示(Take out your books.など)と関連するLanguage for Learningは重要です。教師は授業のなかでできるかぎりわかりやすく英語を使うことが要求されます。科目内容に関連する具体物の名称(sun, moon, cloudなど)に関連するのが、Language of Learningです。小学校では限られますが、児童の興味に寄り添うことが大切です。

　Language through Learningは、CLILの活動では最も重要と考えられている内容と言語の統合と関連します。科目内容を英語で学ぶことを通して学習時間を有効に使い、意図的ではなく活動のなかで英語を学び、その学びが母語も含めた言語意識の発達と結びつくのです。フィンランドの児童は特にこのような学びで優れていると考えられます。

フィンランド小学校教育のCLIL──特徴

Finnish Tips 9
科目の内容を組み合わせた「テーマ」と関連したCLIL授業

　小学校でのCLILは、特に低学年では、科目内容と密接に関係するというよりは、「テーマ (theme)」と関連する学びとなります。小学校の学級担任がCLILを行う場合、英語という言語を媒介とする以外はふつうの学習活動です。

　たとえば、「秋 (Autumn)」というテーマを設定して、理科の内容として木の名称の学習を取り上げ、算数の内容としてその木の葉の数を扱い、美術の内容として葉の色に注目し絵を描き、音楽の内容として秋の歌を歌うなど、いくつかの科目内容を統合して学習を組み立てます。フィンランドの教師は授業方法などに関して自主性が尊重されているので、このようなプロジェクト学習は好まれます。また、小学校の学級担任は一人ひとりの学習者を大切にする伝統があり、教育には自負を持って取り組んでいます。

Finnish Tips 10
英語を使うことを恐れない態度を育てるCLIL

　フィンランドのCLILは学習者の学習によい効果を出しているという調査結果が出ています。バイリンガルで授業をすることに否定的ではありません。小学校3年生から始まる英語授業やそれと関連したCLILアプローチのおかげで、英語の理解には特筆すべき効果を出しています。英語を習い始めた当初はやはりむずかしいですが、徐々に英語を話すことにおいても、自分を表現することにおいても問題が減っていきます。間違うことを恐れないからです。発達に違いはありますが、母語のフィンランド語やスウェーデン語が邪魔をするということもありません。

　小学校からの学習の積み重ねにより、科目を英語で教えるCLIL授業は多くなり、大学では英語が学習言語となり、その他の外国語で学ぶということも盛んになっています。さらには、英語の文法の学習や英語を書くということにもCLILは貢献しています。発音、表現、態度、文化などの点で、ネイティブスピーカーをモデルにする必要はないと、CLIL活動を通じて理解するのです。

Finnish Tips 11
児童のそれまでの学習体験と結びつける

　児童が効果的に継続的に学習できるようになるためには、学習がそれまでの自分の学習経験とつながることが大切です。たとえば、triangleという概念を教える際は、triangleが持っている三角形の概念を学習者の知識や体験と結びつけるのです。「triangle＝家の屋根、切妻」という具体的なイメージがあると児童はすぐに興味を持って学びます。

フィンランドの小学校のCLIL実践

　フィンランドの小学校のCLIL状況について紹介します。フィンランドの教師は自律しているので、CLIL実践においても権威あるモデルはありません。小学校の主たる教育目標はフィンランド語で読み書きができることですが、小学校から英語教育は実施されています。学習のための言語としての英語は重要であり、バイリンガル教育も各地で実施されています。トゥルク大学付属小学校では、授業で英語を約25%以上使うという基準のもとにCLIL指導を実施しています。ここでは、その実践をもとに説明します。

Finnish Tips 12
教師もともに英語を学び使う

　小学校の最初の2年間のCLIL授業では、英語の活動は主に聞くことと話すことです。児童は英語にたくさん触れることで、いわゆる「沈黙の期間（silent period）」を経験します。オーセンティックで豊富で正確なインプットが理想です。教師の英語はネイティブスピーカーのように完璧ではなくても、発話や発音などは適切であるべきです。CLIL教師が、英語という言語の知識や技能を維持し、さらに実践的に発達させるのは当然必要です。教師も児童といっしょに学ぶことで、授業では、教師と生徒、生徒同士など、多様なやりとりが活性化されます。

Finnish Tips 13
学校活動で英語をくり返し使用する

　ともに学ぶ活動を実践するには多彩な方法があります。一つは、学校活動に組み込まれる行事や場面を利用することです。ある活動は毎日の授業でくり返し同じように使われます。毎日目にする安心感を与える学習環境が学習効果を高めます。児童は、くり返しが好きで、英語を練習し使うことで、成就感を味わい、それを楽しみます。そのために、教師は定型の表現をくり返し使う必要があります。言語習得は、体を動かすこと、歌うこと、リズム、きれいな絵、動画などの具体的な活動を利用して、運動、音楽、鑑賞、言語などを統合することで促進されるのです。

挨拶	朝と帰り（good morningなど）
授業管理	出席、学習環境、誕生日など
予定	日付、曜日、時間など
週の活動	歌、リズム、歌と踊りなど
ゲーム	London Bridge Is Falling Down

 FINNISH TIPS 14
教師は率先して英語を使う

児童が英語に毎日触れるようにする必要があります。CLILでは、内容の学習とともに、授業で使用する言語として英語を重要視します。外国語は練習しなければ使えるようになりません。授業は児童が活動する環境のなかでも重要な学習の場です。学習言語の理解がCLILでは当然必要になりますが、CLIL実施の初期段階では、基本的なやりとりができる程度の英語の理解力や発話力の育成が最も重要です。

児童が基本的な英語のやりとりができるようになるまでには、十分な準備、支援、励ましが必要です。うまく定着させるためにも、教師が率先して英語を話すことです。モデルである必要はありません。いくつか例を示します。教室に貼って、必要ならば日本語も添えて、いつでも児童から見えるようにしましょう。

挨拶・授業の開始	Good morning, all. How are you today? It's time to start. Let's see if everyone is here. Let's get ready for the lesson.
授業を進める	Let's move on. You have five minutes for this exercise. Do you need any help?
授業を終える	Finish off this exercise at home. This is your homework for tomorrow. Have a wonderful day! See you tomorrow again! Bye-bye.
児童の参加を促す	Talk to your desk partners. Any volunteers? It's your turn to read.
児童の注意を引く	Turn this way and listen. Attention, please. Stop the activity.
授業環境を管理する	Return to your seat, please. We need to move the desks. Come this way. Sit down here.
確認と促進	Well done! Good job! Any other ideas? Why do you think that?
問題に対処する	Quiet, please. Keep your voices down. Concentrate on your own work.
配布、集める	Pass these handouts around, please. Return the papers to this box.
教科書などを使う	Take out your textbooks. Open your book to page 13. Look at the table (picture).
活動を行う	We're on page 47. I want you to do exercise 10B in your notebook.

 FINNISH TIPS 15
継続的な歌の利用は意図を持って提示する

授業で、週ごとのテーマとして英語の歌を取り上げ適切な状況で導入すると効果があります。たとえば、"Going on a lion hunt" の歌詞で、we're going on a lion hunt という表現では、前置詞 on の働きを動作とともに理解でき、「ライオン狩り」という内容を楽しめます。もちろん、内容にかかわる背景や語彙は提供し、意味もわかるようにします。児童は歌えるようになると自然にいっしょに歌い出し、一人でも歌えるようになります。

"Going on a lion hunt" の歌詞の一部
Going on a lion hunt. / Going to catch a big one. / I'm not afraid. / Look, what's up ahead? / Mud! / Can't go over it. / Can't go under it. / Can't go around it. / Gotta go through it. / ...

Finnish Tips 16
トータル・フィジカル・リスポンス(TPR)は適宜利用する

　トータル・フィジカル・リスポンス (TPR) は、児童が英語学習を始めたばかりの段階でよく使われる指導法で、フィンランドでもよく利用されています。教師が児童に指示を与え、児童は反応することで理解を示します。ライム(詩)や歌などの形で提示され、児童は、歌を聞いて、なぞって歌いながら、体を動かし、言語を学びます。このTPRは、英語の授業でドリルとドリルの間に行うと、児童は楽しく参加します。簡単な活動のライム(詩)の例を紹介しておきましょう。

　Hello teddy bears! [子供に手を振る]
　Teddy bear, teddy bear, turn around. [回る]
　Teddy bear, teddy bear, touch the ground. [床に触れる]
　Teddy bear, teddy bear, tie your shoe. [足をあげて靴紐を結ぶしぐさ]
　Teddy bear, teddy bear, a task for you! (他、good-bye to you, we all love you など)

　TPRは、年齢に応じて、他の科目内容や学校の活動と関連して提示すると、英語への興味を喚起し、積極的な態度を育成します。

Finnish Tips 17
ジャズ・チャンツはチャンク表現の理解に有効

　新しい表現をチャンク (chunk) (意味ある語句のまとまり)で導入するには、Carolyn Grahamが考案したリズムに合わせて表現を練習するジャズ・チャンツ(Jazz Chants)はおもしろい方法です。How are you? I'm fine, thank you. What's your name? などのチャンクを音楽に合わせて、英語のリズムを理解するために練習します。詳しくは下記ウェブサイト参照してください。

　Jazz Chants　Carolyn Graham　http://jazzchants.net/home

Finnish Tips 18
英語を通した文化間理解が主要な活動

　フィンランドのバイリンガル教育では、英語による文化間理解がやはり主要な活動となっています。ハロウイーン(Halloween)、感謝祭(Thanksgiving)、クリスマス(Christmas)、バレンタインデー(St Valentine's Day)、セント・パトリックデー(St Patrick's Day)、イースター(Easter)などの行事がよく扱われます。活動を通じて、その行事の特徴、語彙、慣習を調べ、言語や文化との関係性を深く理解できるようにします。また、そのような文化を調べることにより、児童が多様性を受け入れ、世界には多文化と多彩な価値観があることなど、どの文化も平等に扱うことの大切さを理解できるように工夫するのです。

Finnish Tips 19
CLIL指導原理1：英語と母語をいっしょに使わない

　CLIL授業では、指導する際に英語と母語との混同がないようにしています。これは多少議論があると思いますが、活動によって英語と母語であるフィンランド語の言語指導の場面や活動を分けるように配慮されています。両言語を同時に使うことは避けて、英語のときは英語、フィンランド語のときはフィンランド語というように、明確にルールを決めておく必要があります。教師がフィンランド語を英語といっしょに使っていると、児童は母語のフィンランド語のほうに注意が向き、慣れ親しんでいる言語を使い出します。

Finnish Tips 20
CLIL指導原理2：英語で話すときは足場づくりをしっかり

　英語だけで授業を行うことは、学年や内容によっては困難です。しかし、しぐさ、表情、真似、絵を描く、画像など、非言語情報を適切に使うことによって、英語による授業は実施できます。その際、教師が英語を使っていても、児童も英語だけというように規制しないことが大切です。教師が英語だけを使う目的は、英語を使う環境を作ることです。また、教師の英語を聞き、英語の文字を見ることで、英語の理解度を高めます。児童が自然に英語を発話することを待ちましょう。

Finnish Tips 21
CLIL指導原理3：授業中の指示は少なく簡潔に

　CLIL授業と言っても、年少者の活動は英語の授業活動とそれほど変わりません。授業での指示はわかりやすく簡潔にすべきです。多くのインプットは重要ですが、内容を詰め込めば詰め込むほど、教師が多く話せば話すほど、児童の活動を制限してしまいます。低学年の児童はじっと聞いていることは苦手です。教師が英語で話すとき、明確にポイントをおさえて、ゆっくりとはっきりと話すようにしましょう。児童の英語の理解度は着実に伸びます。CLILだからと言って、活動を複雑にしてはいけません。

Finnish Tips 22
CLIL指導原理4：くり返しは重要

　英語やCLILに限らず授業の基本はくり返しです。フィンランドの小学校でも同様ですが、児童が飽きないような工夫が必要です。「ただ楽しく」ではうまくいかないので、しつけも重要です。くり返しやドリルを続けることは学ぶ上では欠かせません。しかし、児童は一人ひとりが同じように活動しません。くり返しがうまくできない児童もいれば、いつまでもずっとやっている児童います。年少者を活動させる場合、教師は同じ英語を何度も使うほうがよいでしょう。年長者に対しては言い換えをする必要があります。指示を別の言い方でくり返すことは、言語発達の面からも重要です。

Finnish Tips 23
CLIL指導原理5：児童に考える時間を与える

　CLIL授業では考える時間を作ることが特に必要です。テンポよく、活発に活動している授業は確かに学習が効果的に進んでいるように見えます。しかし、それは児童が機械的にあるパターンをなぞっているだけかもしれません。英語で自分の考えを表すには、自動的にすぐには出てこないのがふつうです。児童にとって教師の発問に対して何かを言おうとして考える時間はとても大切です。教師は児童に発問したときに、児童が答えるまで7、8秒以上待つようにしてください。児童が言いたいことを先に教師が言うことのないように気をつけましょう。この考える時間の積み重ねが発達につながるのです。

教師：What's in this box?
児童：…
教師：…?
児童：チョコレート？
教師：Chocolate! Chocolate is in the box.

Finnish Tips 24
CLIL指導原理6：児童は知識の宝庫だ

　児童は、私たちが考えるよりも多くのことを知っています。また、興味のあることをすぐに吸収してしまいます。児童は知識の宝庫とも言えます。特に児童が集団となり共有して持っている知識は想像以上の可能性を持っていることをよく経験します。教師は一人ひとりの学習者の知識を考え、この活動はむずかしすぎるからやめておこうなどと、活動の内容や範囲を制限してしまう傾向にあります。しかし、児童の集団としての能力は思っているよりも高く、教師が説明しなくても、児童同士で教え合うことにより、理解して、すばらしい結果を生むことがあります。

フィンランドの小学校のCLILの学習言語の扱い

Finnish Tips 25
CLILは主に学習言語を扱うが、小学校はちょっと違う

　本来CLILは主に学習言語を扱い、その発達を促します。フィンランドでは、英語授業の指導がCLIL授業の学習言語の発達を下支えしていると考えられています。小学校の英語の授業の目的は、日常的なコミュニケーション能力の育成です。それに加えて、CLILを推進している学校では、理科や数学などで学習言語としての英語を、語彙、文法、発音などの基礎に重点を置いた日常のコミュニケーションに関連する英語と併せて、児童は学ぶのです。理想的には、この二つの言語指導が互いに支え合うことです。これを実現するには教師の協力は欠かせません。

Finnish Tips 26
学習言語の要素：音声、語彙、文法、社会言語、談話関連

　学習言語は相対的なものです。小学校のCLILでは、英語の使用を学習の場面だけに限ることはよくありません。CLILで扱う5つのリテラシーと関わる学習言語の要素は、1）音声、2）語彙、3）文法、4）社会言語、5）談話関連です。1）音声の要素は、アクセントの位置など発音と関連し、CLILでも重視されます。2）語彙の要素は、単語力や正しい文脈での適切な語の使用とかかわります。たとえば、足し算や引き算に関して、「plus (calculation)」や「minus (calculation)」を使うかもしれませんが、学習言語では「addition」「subtraction」を使います。3）文法の要素は、派生、コロケーション、句動詞など、語句や文形成や、句読法などの多様で複雑なルールと関連します。4）社会言語的特徴は、説得、不満、議論など、多様な言語機能の使用のことで、コミュニケーションには重要です。5）談話的な要素は、考えを転移したり指摘したりするのに役立ち、話す、書くという技能に影響を与え、欠かせない要素です。
　小学校では、このような学習言語の指導を、科目の学習内容に合わせて、母語だけではなく、英語においても指導することを大切だと考えています。CLILは言語教育の面からも重要なアプローチとなるので、児童の発達段階を考えながら、上記の5つの学習言語の要素を理解し、CLILを展開します。
　この学習言語の基本的な要素が、カリキュラムに埋め込まれ、教師が初期の段階からその成長を心に留めておくと、学習の発達は意識的に、さらには計画的に構成されるようになります。バイリンガル教育の研究などでも、学習言語の習得には教育の役割が大きいということは、明らかになっています。学習においてもコミュニケーションにおいても、母語でも外国語でも言語の役割が「道具」となっていることを忘れてはいけません。CLIL教師も言語教師なのです。

フィンランドの小学校のCLILアイディア

Finnish Tips 27
KWL表の活用

　CLILを始める上で大切なことは、言語においても知識においても学習者の背景知識を活性化し、そのきっかけを作ることです。そのためには、KWL表 (Chart) が有効だと考えます。KWL表を使うことで学習が見えるようになります。K(Know 知っていること)、W(Want to know 知りたいこと)、L(Learned わかったこと)、それぞれの項目に学習者が書き入れて学習を明確にします。表は英語で作成することが目的ではありません。母語を使用してかまいません。評価の証拠というよりは、学習をうまく進めるためのツールとして使います。

	Topic（話題）		
	What I know （知っていること）	What I Want to Know （知りたいこと）	What I Learned （わかったこと）
LANGUAGE （言語）			
CONTENT （内容）			

Finnish Tips 28
テーマに合わせて語彙を増やす

　学習者の語彙を増やすことはCLILでは欠かせません。日常の言語と同様、学ぶ内容の基本を理解するのに重要な学習言語としての語彙指導は重要です。小学校低学年で学級担任がCLIL的アプローチをする場合は、主にテーマを基本に指導します。いくつかの科目を取り上げた一種の教科科目連携です。テーマには、「時間」「空間」「友情」などさまざまなものがあります。それぞれのテーマに関連した基本語彙は、指導の期間中、常に児童から見えるようにします（図参照）。テーマ別の指導では、異なる視点から話題に切り込むことや、英語とフィンランド語をくり返し使うことで学習を強化することが可能です。

Finnish Tips 29
語彙情報は一目でわかるように構成する

テーマに合わせた語彙の学習は、教室のどこかに関連する語句や情報が一目でわかるように構成する方法 (information organizer: グラフ、マインドマップ、表、図など) が有効です。いつでも見えるように掲示しておきます。図のように語彙を可視化して学習者に提示する方法は、このほかに、壁にポスターを貼る、語を雲のようにまとめて示す、定義ごとにまとめる、単語カード (絵付き)、物にラベルをつける、などがあります。しかし、もちろん重要な考えや用語は授業の前に明示し、導入、練習、展開、応用などの手順にそって、明確に指導する必要があります。

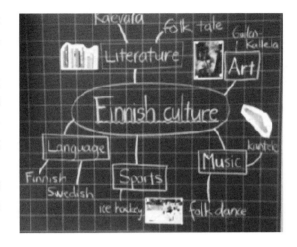

Finnish Tips 30
Bloomの認知領域の教育目標の分類を活用する

学習した内容にかかわる語句を次の段階にステップアップするには、文レベルで理解できるようにすることが必要です。文を作ることは、自分の考えや知識を形成するのに役立ちます。たとえば、次の表現を見てください。

This is a book.
It is fun, beautiful, small, big, ...
It has four legs.
It is similar to the sea because it is blue.
It is different from an apple because it is yellow.

基本的なことはこれで言えますが、児童はもっと表現したがります。その際には、Bloomの認知領域における教育目標の分類が役立ちます。分類は、下のように基本的に二つの思考スキルで構成されています。

```
HOTS (Higher Order Thinking Skills)(高次思考スキル)
分析(Analyzing)、評価(Evaluating)、創造(Creating)
              ⇑   ⇑   ⇑
LOTS (Lower Order Thinking Skills)(低次思考スキル)
記憶(Remembering)、理解(Understanding)、応用(Applying)
```

学習が語句から文レベルに移行するには、LOTSからHOTSの段階を考慮し、「記憶」から「創造」へと進むように工夫しましょう。

Finnish Tips 31
英語を書くことは足場づくりをうまく利用して奨励する

　LOTSからHOTSへの思考スキルの発達は、状況や児童一人ひとりで違います。一律に学年段階で進めることは危険ですが、多くの児童は、英語学習の初期段階を過ぎるとすぐに、英語の文字や語を書き、さらには文として何かを表現することに積極的になります。児童は、語やチャンクを書き写し、教師と学習者とのやりとりのなかで、あるいは、児童同士で、スペルや書くためのルールを話し合う作業をすることが有効です。最初は、教師をまねて書きますが、児童同士で確認し、徐々に自分一人で書けるようになります。

　もちろん、一人で英語が書けるようになるということはそう簡単なことではありません。足場づくりは当然重要です。たとえば、「クマ（bear）」というテーマで書く場合、次のような図を示し、語句を与え、書く準備とします。

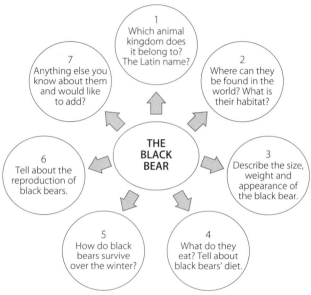

1. mammals（哺乳類）　2. live in eastern *honshu*　3. 120 to 180 cm long, weighs 40 to 90 kg
4. omnivorous（雑食性の）　5. have hibernation（冬眠）　6. mother and two children
7. good at climbing trees

例）Bears are mammals. ...

この場合もクマに関する資料は与え、児童の学びを後押しします。

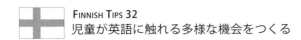
Finnish Tips 32
児童が英語に触れる多様な機会をつくる

　英語学習を始めた段階で英語を発話することは、フィンランドでもむずかしいのですが、それでも教師は児童が英語を発話するように工夫しています。フィンランドでよく実施される児童が英語に触れる機会を例として挙げましょう。

- 教師の発問（教師が質問し、児童が答え、教師が応答する）
  What color do you like? ― Pink. ― You like pink. I like pink, too.
- 状況に応じた言語の使用（英語の時間とフィンランド語の時間）
- イベント（English music concerts, plays など）
- 学習発表会（the water cycle など）
- プレゼンテーション（show & tell など）
- 科目内容に関連したグループワーク（poster presentations など）
- 交流プロジェクト（姉妹校など）
- 訪問者へのインタビュー（運動選手、見学者など）

このように、さまざまな機会に英語に触れられるようにすることは大切です。

Finnish Tips 33
英語で内容知識を評価する危険性

　CLILにおける評価（assessment）は重要な課題です。評価はどのような教育環境でも内発的な動機づけ（intrinsic motivation）を最も考慮しなければいけません。評価は学習目標と関連するので、具体的に観察できるもので判断すべきです。それが、次の学習目標を考える助けとなり、指導を修正する役割もします。また、評価は形成的で、教師が主体となる授業を基盤としたもの（classroom-based learning assessment）であるべきです。CLILにおいて英語で内容知識を評価する場合、ほかの要素が評価結果に影響するという危険性があります。たとえば、見かけ上流暢な英語使用は、実際には内容を理解していなくても理解しているような印象を与えるかもしれません。CLILの評価のあり方はフィンランドでも課題です。

Finnish Tips 34
CLIL評価は現在の主要な課題

　フィンランドの小学校のCLILの評価に関する調査結果では、科目内容の知識との関連の評価だけではなく、目標言語（主に英語）の評価も確立していないということがわかっています。現時点でもさまざまな評価の提案がなされていますが、小学校のCLIL評価においては、次の3点を実践研究の課題とすべきだと考えます。1) CLIL評価の基本の確認、2) 適切なCLIL評価の原理の確立、3) 具体的なCLIL評価方法の開発。
　次にいくつか具体的に提案します。

フィンランドの小学校のCLIL評価と言語の扱い

FINNISH TIPS 35
協調テスト(collaborative testing)で知識の共有

　評価のアイディアの一つとして、協調テスト(collaborative testing　グループテスト)が役立ちます。このテストは、社会的なやりとりや、共同での知識の構築を基盤としています。また、これには、グループを構成する一人ひとりが多様な能力を持つことを利用して互いを補い合い、成績も共有されるのでストレスがあまりかからずに活動できるというメリットがあります。さらに、一人ひとりの評価をグループ全体の問題とすることで、お互いがサポートし貢献できます。

FINNISH TIPS 36
多様な言語テストを利用する

　コンピュータ、インターネット、モバイル環境を利用した言語テストの開発は進んでいます。まだ十分に使われているとは言えませんが、フィンランドでは徐々にプラットフォームづくりが進んでいます。
　現在、タスク中心言語テスト(task-based language assessment)は、最も広く使われているCLILのテスト形態です。このテストの評価方法は、目標言語と内容がいっしょになり、学習者が問題を解決する複雑なタスクから構成されています。目的は、意味を考えながら、これまでに培われた知識や問題を解決する多様な技能を評価することです。タスク中心言語テストは、大人が仕事で直面する課題に似ていますが、小学校CLILでも可能です。タスクは、知識、理解、適応、まとめなどとかかわるからです。

FINNISH TIPS 37
BICSに重きを置きながら、CALPを導入する

　CLIL授業は、外国語に豊富に触れるオアシスのような役割をします。CLILは多様な社会につながる教育環境で文化的な状況を提供します。また、CLILは言語的に多様なグループとの協働も強調します。うまく英語学習ができない児童は、できる児童から学び、また、修正した教材を使います。このように、CLILは、言語を考慮しながら、多面的な学習を学習者に提供する場なのです。
　CLILでは、日常使う英語(BICS：Basic Interpersonal Communication Skills)と教科科目学習とかかわる英語(CALP：Cognitive Academic Language Proficiency)の違いをある程度明確に区別することは重要です。つまり、CLILの初期の段階では、当然日常使う英語(BICS)の発達は見過ごすことはできません。また、教科科目学習とかかわる英語(CALP)は、学習内容の指導において足場づくりとして利用される必要があります。小学校でのCLIL指導は、基本はBICSに重きを置きながら、状況に応じてCALPを導入することです。

日本の小学校外国語教育における CLIL 教育実践

2017年に新学習指導要領が公示されました。主体的・対話的な深い学びや教科横断的なカリキュラムマネジメントの実現を目指し、「知識・技能」「思考力・判断力・表現力等」「学びに向かう力・人間性等」を3つの柱とする教育の目標が示されました。

CLIL（Content and Language Integrated Learning: 内容と言語を統合した学習）は、まさに上記の教育を実践するための教育です。外国語学習と他教科等の本物の内容を統合させ、そこに深い学びを促す思考活動と、世界市民として英語を学ぶ意義と協働力の育成を促す協同学習・相互文化理解を取り入れた外国語教育です。もともとはEU統合によるヨーロッパを起源としたもので、多様な文化を持つ人々との共生・協働を目標として、言語の知識（学び）と技能（活用）を豊かな内容と合わせて学び、それぞれの個性を活かす知的運用能力・思考力の育成を促しながら、協同力を育み、相互文化理解を促す教育です。

次章では、日本の小学校英語教育における「ソフトCLIL（言語学習を主目的とするCLIL）」の指導案を提案しています。ヨーロッパを起源とするCLIL授業の多くは英語授業とは別に教科教育を主目的としたCLIL授業を行っており、それらは「ハードCLIL」といわれています。このようにCLILは大変多様で柔軟性があり、いろいろな形で実践することが可能です。次章では日本の小学校CLIL授業実践のために、実際の授業をもとに、教科横断的に全教科の内容を取り入れた具体的なアイディアを紹介します。それぞれ一単元ずつとなっていますが、CLILの取り入れ方は、年間カリキュラムに定期的・単発的に取り入れる、授業すべて・授業の一部に取り入れるなど、柔軟に実践することが可能です。本実践の単元のなかから1時限、もしくは活動を1つ取り上げて行うなどして、授業に取り入れていただければ幸いです。

ここではまず、CLIL授業のポイントとなる4Csと呼ばれる4つの要素について、次章の実践から具体的な事例を挙げながら、説明します。CLILでは、全教科の学びと言語活動を統合し、児童が、「知りたい！」**内容（Content）**と「聞きたい・使いたい！」**言語（Communication）**を、**思考（Cognition）**と**協同の学び・相互文化理解（Culture）**を取り入れた活動を行い、「考えたい！」「（自分の特性を）活かし合いたい！」という気持ちを喚起します。言語は初学者レベルであっても、学習者の発達段階や個性に沿う豊かな内容で、すべての児童に外国語を学ぶ楽しさと意義のある「主体的・対話的な深い学び」を促します。ただし、この要素についても、児童の学びに合わせて、柔軟に取り入れていただけたら幸いです。

学校での学びが、明日を生きる子どもたちの「生きる力」となるように。学びをつなげ、自分の興味や良さを活かしながら、予測困難な時代に直面するさまざまな課題にも、自ら考え、世界の人々と協働して、よりよい未来を創っていける力を育成するために。CLILはそのための外国語教育の実現を目指します。

Point 1　「知りたい！」を促す CLIL の内容（Content）の取り入れ方

　小学校CLILは、児童の興味を促す多様な内容（Content）で、豊かな言語の学びを提供します。それは児童の発達段階に沿う主体的学習への動機づけを高め、児童の個性や多様性を活かしたユニバーサルデザインによる教育、他教科の学びや学校行事など学校の特性を活かした教科横断型カリキュラムマネジメントによる外国語教育の実現へとつながります。またCLILの内容の取り入れには、小学校の教師が持つ教科内容の知識と児童理解が十分に活かされます。同時に、それをALT（Assistant Language Teacher 外国語指導助手）やJTE（Japanese Teacher of English 日本人英語指導者）の言語知識を融合することが可能になります。

　本書で紹介するCLIL実践を見ると、多様なテーマで、他教科の全教科の内容とつながっています。内容の一例を以下に示します。

　これらの内容を取り入れた活動については、一単元ごとに示されているCLIL授業すべてを行うことも、単元の一部を、他教材の学習目標言語に合わせて、部分的なCLIL活動として、授業に取り入れて行うこともできます。本書での内容については、上記に示した以外にも、道徳や総合的な学習の時間、オリンピックや校外学習など、児童の学習段階に沿った他教科内容、学校行事があり、児童の「主体的な学び」を促す教科横断型カリキュラムを実施することができます。このCLILの内容は、小学校外国語教育の目標でもある、次のC、積極的なコミュニケーションに対する態度と対話的な学びを促すのです。

「聞きたい！使いたい！」を促す言語（Communication）の取り入れ方

　小学校CLILは、教室の言語の学び（Communication）を要としています。CLILは、児童の「聞きたい！使いたい！」という思いを引き出しながら、意味あるやりとりによる「対話的な学び」を大切にします。学びの過程を重視して、言語の理解と活用を促します。

　CLIL授業で外国語を取り入れる際には、下記の3つの言葉を考慮します。

学習の言語 Language of learning・LOL	授業で学ぶ言語 単元の目標となる新しく学ぶ言語・表現
学習のための言語 Language for learning・LFL	授業で使う言語 学習に使う既習の言語
学習を通しての言語 Language through learning・LTL	学びを深める言語 児童や教師が学びのなかで想起する可能性のある表現

　小学校CLIL実践における「学習の言語（単元の学習目標となる言語）」は、言語が平易で限定されていても、児童の学齢発達に沿う内容のなかで学ぶ機会が与えられます。本書の宮田氏の "Welcome to Nikko!" の実践を例に、上記の3つの言語を説明します。宮田氏の授業では、学習の言語 "We have［名所や名物、祭事の文化等の固有名詞］in［地名］. You can enjoy［上記の名所などでできることなど］." の学びのために、導入ではその言語を使ってALT教員の故郷アメリカのマイアミについて紹介してもらい、児童の「聞きたい」という興味を促します。次に、その紹介の御礼として、今度は児童が自分たちの故郷日光のおすすめの場所や文化についてALT教員に紹介する言語活動を行い、児童の自己関連性と英語を使う意義を高め、「使いたい」という思いを促します。このように、学習言語が焦点化され何度も繰り返される一方で、内容は多岐にわたり、社会科の世界の国々や地域の学び、ポスター作成時には国語の町紹介や図工の学び、学校行事の地域文化体験などとつながっていきます。そのため、英語に苦手意識を持っている児童でも、自分の得意な知識を活かしてやりとりに参加し、活躍できるのです。そのなかで、教師は児童がすでに学んでいる言語、学習のための言語（LFL）を積極的に使います。学習した言語を意味ある文脈のなかで何度も体験的に使い、児童の言語知識を活用できるように促します。

　最後にCLILの「学習を通しての言語」（LTL）について説明します。これは、教師が事前に用意した学習目標言語以外の言語で、児童の表現したい気持ちに寄り添い、学びを深める言語です。宮田氏の実践では、花火大会（fireworks event）が児童の考えで出てきました。宮田氏はそこで、これまで学んできた beautiful などの既習の言語を使って、"Yes! You can enjoy the fireworks event. It's beautiful." と児童にフィードバックしました。このようにCLIL授業では、3つの言語と本物の内容との統合で、自己関連性・学びの必然性・真正性を高め、対話的な深い学びによる言語教育の実現を目指します。

Point 3 「考えたい！」を促す CLIL の思考（Cognition）の取り入れ方

　小学校 CLIL は、児童の思考力（Cognition）を伸ばします。児童の知的好奇心と思考を促すことを考慮した「深い学び」を大切にします。では、どうしたら言語と思考の学びを深めることができるのでしょうか。それは学習活動が児童のどのような思考を促すのかを考慮することで可能となります。
　CLIL ではこの思考を、大きく二つに分類しています。一つは LOTS（Lower Order Thinking Skills 低次思考力）と呼ばれるもので、記憶、理解のための思考で、言語理解には必須のものです。もう一つは HOTS（Higher Order Thinking Skills 高次思考力）で、分析や創造など、理解した言語を活用する際に必要な思考力です。以下に図で示します。

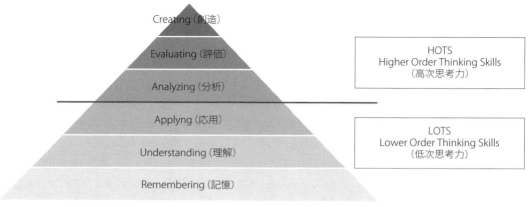

Bloom's taxonomy, revised by Anderson and Krathwohl (2001)

　本書の一柳氏の実践を例に、CLIL の思考を促す学習活動について説明します。一柳氏の実践ではアルファベットの大文字の学習、食べものの語彙、"What would you like?" – "I'd like [食べもの]." の言語学習、家庭科の栄養バランスの学びを活かしたヘルシーサンドイッチメニューの創作活動を行います。まずは LOTS のための活動です。アルファベットの大文字をアルファベットソングで導入し、次に食べ物のアルファベットチャンツで大文字の学びと食べものの語彙の学びとをつなげ記憶を促します。さらに、"What would you like?" – "I'd like …." の英語表現について、国語の敬語の学びとつなぎながら、言語の理解を促します。それを基に HOTS の活動を行います。BLT（Bacon, Lettuce, Tomato）サンドイッチの食材を紹介しながら、英語の大文字と食べ物の語彙と家庭科の栄養の 3 要素の学びをつなぎ、児童に大文字 3 文字を使い栄養の 3 要素を考慮したヘルシーサンドイッチメニューをグループで創作させます。ここには分析や創造力が必要となります。最終活動では、各グループが創作したサンドイッチショップを開き、児童一人一人がサンドイッチを評価し、"What would you like?" – "I'd like …." を使って注文します。その結果、クラスの人気メニューが発表されます。本活動では、児童が実際に海外で食事を注文する際に活用できる実践的言語能力と栄養バランスと健康を考慮する批判的思考力を同時に育成することができます。

Point 4 「活かし合いたい！」を促す 協学・文化（Community/Culture）の取り入れ方

　CLILは、「活かし合う」学びを育てます。CLILではCommunity/Culture（相互文化理解・協同学習）を大切にします。教室での学びを中核として、地域から日本へ、また世界の文化や地球的課題についても学びを広げます。教室の文化を基点として、多様な世界の文化や現状と言語を学ぶなかで、自国の文化や言語への理解も深めながら、地球市民として生きるための協働力と相互文化コミュニケーション能力の育成を促します。

　では具体的にはどのように上記の学びを取り入れればよいのでしょうか。その一例として、本書にある「動物」をテーマにした実践を紹介します。その実践は、個別学習（好きな動物創作・図工）→協同学習（創作動物ごとに生息地に分類の上、グループで各生息地を協同製作・理科/図工）→地球市民の気づきを促すクラスでのディスカッションによる学習（絶滅危惧種の現状を理解し、クラス全員で自分たちにできることを考える・社会）と広がるものです。

個別学習（好きな動物創作・図工）

協同学習（動物の生息地ごとの分類と生息地作成・理科/図工）

全体学習（絶滅危惧種の現状を知り、自分たちにできることを考えよう・社会）

　最初の授業で児童が創作した動物は多くが絶滅の危機に瀕する動物でした。次の授業では協同学習で動物の生息地を作成し、最後の授業では、その生息地で起こっている真実を知り、ショックで涙ぐむ児童もいました。そのなかで児童は地球市民として自分たちにできることをクラスで考え、それを英語で発信する意義について気づきました。外国語教育と本物の内容を統合し、世界の人々とつながるための力を育む、CLILはまさにグローバル教育そのものなのです。

　原則として、本書では、人々とともに働くことを述べるときは「協働」と表記し、学習形態の名称としては「協同学習」と表記しています。しかし、個々の執筆者の考えによって異なった字が使われていることもあります。

では、実際の CLIL 授業案を見ていきましょう。

小学校外国語教育におけるCLIL授業案とその展開

『世界の動物たち』Animals around the World

図工、音楽、理科、社会、道徳と関連したCLIL授業

山野有紀・磯部聡子

背景

　本授業は、公立小学校の小学校5年生を対象に実施した授業をもとに、高学年だけでなく、2時間目までの授業は3、4年生の中学年児童にも実践可能なように作成しました。授業を行った学校は埼玉県にある一般的な公立小学校です。クラスの多くの児童は学校でしか英語に触れる機会はありません。その一方、外で英語を学ぶ機会がある児童も存在し、そうでない児童との間に、授業への関わりに差が生じ始めており、それが活動の姿勢にも現れていました。それは、通常の教科学習で困難を抱える児童により顕著でした。

　文部科学省の調査によると通常の学級のなかには、行動面や学習面においてさまざまな困難を抱えている児童が約6.5%の割合で在籍していると言われています。そのため、通常の学級に在籍するすべての児童にとって、よりわかりやすい授業を行うために、「ユニバーサルデザインの視点」を取り入れる重要性が指摘されるようになってきました。その視点から見ると、学習や行動面に困難を抱えている児童にとって、馴染みのない英語は聞き取りにくい面があり、それを使っての友達との関わりにおいては、混乱を招いてしまうことがあります。児童の参加意欲を高めるためには、授業のなかで取り上げる活動が、多様な個性を持つ児童を考慮した興味関心を促す多感覚な学びであること、安心して参加できることが鍵となります。

　この指導案は、上記の点に配慮し、小学校の担任教諭の深い児童理解のもと、日本人英語指導者と共同作成されたものを一部改訂したものです。動物をテーマに、図工(紙粘土を使った創作活動)・音楽(動物の生息地の歌唱)・理科(動物の生息地ごとの分類)・社会(絶滅危惧種問題)・道徳(自然愛・動植物愛護・国際理解)を統合し、児童の興味と発達段階を考慮した内容で英語を学び、じっくりと考える思考活動、体験的学習や主体性を促す活動を取り入れました。すべての児童に活躍の場があるように、視覚・聴覚・触覚などを考慮した多感覚な活動や、個人の創造的活動からグループでの協同学習、国際問題に対するクラスディスカッション、これらを踏まえてさらにじっくり個人で考える活動など、児童の個性を大切にしながら仲間とつながり学び合う機会を取り入れました。

　授業では野生動物の抱える問題に気づき、自分の意見を世界に向けて英語で発信しようと試みることで英語を学ぶ意義を感じてくれた児童が多くいました。何より、この授業では通常の外国語授業の参加を苦手と感じていた児童たちも活躍することができました。そこで児童が得た英語の学びへの興味と自信、自己肯定感は全教科の前向きな学びへの契機となりました。

小学校外国語教育における CLIL 授業 『世界の動物たち』

1 指導者 　小学校学級担任、英語指導者、ALT

2 対象学年 　5、6年生（1、2時間目の授業については3、4年生でも可能）

3 外国語活動と教科内容の関わりについて

本授業では、図工［創作活動］、理科［生物と環境（3〜6年）］・社会［世界の未来と日本の役割（6年）］を主として、音楽（歌唱）、道徳（自然愛・動植物愛護・国際理解）と関連づけ、「動物」をテーマとして必然性および自己関連性のある語彙や英語表現を学ぶ。

4 単元目標

［科目内容］

図工：好きな動物や生息地について、色や形を考え、表現しようとする態度を養う。

理科：生物と環境について考え、生物を愛護する態度を養う。

社会：地球規模で発生している課題について知り、その解決に向け、自分たちの生活との関わりや世界の人々とともに生きていくために大切なことについて考える。

［英語学習］

• 色や動物、動物の生息地や、好きなもの・ほしいもの、住んでいる場所等について、聞いたり言ったりすることができる。（知識／技能）

• 色や動物と動物の生息地について、創造活動や協同学習を通して理解し、野生動物の現状について概要を捉え、感じたり考えたりしたことについて、伝え合う。活動のなかで、慣れ親しんだ語彙や表現を推測しながら読んだり、自分の考えを表現しようとしたりする。（思考力、判断力、表現力等）

• 他者に配慮しながら、動物について伝え合おうとする。（学びに向かう力、人間性等）

5 単元評価規準

• 好きな動物や欲しい色、生息地などについて、聞いたり言ったりすることができる。

• 動物や色や環境問題などについて、自分との関わりを考えながら、伝え合おうとしている。活動のなかで、推測したり創造したりしながら、理解を深め、考えや気持ちを表現しようとしている。

• 動物や色や環境などについて、関心を持ち、活動に積極的に参加し、他者に配慮しながら、考えを伝え合おうとしている。

6 学習言語材料

語彙：色（red etc.）・動物（turtle etc.）・動物の生息地（forest, clean, etc.）を表すことば

表現：好きな動物について伝える表現：What（animal）do you like? I like ....
　　　　創作のために欲しい色を考えて使う表現：What（color）do you want? I want ....
　　　　動物の生息地を考える表現：Where do you live? I live in .... It's（clean, dirty）.
　　　　野生動物の抱える問題を考える表現：What can you do? I can ....

7 配当時間と単元内容

1時間目 　「好きな動物を作ろう」（図工との統合授業）

2時間目 　「クラス動物園を作ろう」（理科、図工、音楽との統合授業）

3時間目 　「動物たちの直面する問題について考えよう」（社会、図工、道徳との統合授業）

8 CLILの4Csとの関連

時限 4Cs	1時間目	2時間目	3時間目
Content 内容	Let's draw your favorite animals with your favorite colors! 好きな動物を作ろう！	Let's make animals' world! クラス動物園を作ろう！	Think about a world problem! 動物たちの直面する問題について考えよう！
	図工（創作活動：好きな動物を考える）	理科（生物と環境） 図工（創作活動：動物のすみかに思いを広げる） 音楽（歌唱）	社会（世界の抱える問題） 図工（創作活動：動物のために考える） 道徳（自然愛・国際理解）
Communication 学習言語	学習の言語 動物・色 What animal do you like? I like .... What color do you want? I want .... 学習のための言語 Hello, How are you? What is this? It's .... 学習を通しての言語 色と動物についての単語など未習のもの。	学習の言語 動物の生息地 Where do (animals) live? (Animals) live in .... Where do you live? I live in .... 学習のための言語 What color do you want? I want .... 学習を通しての言語 自然物についての単語など未習のもの。	学習の言語 "clean" & "dirty" plastic bag, bottle It's .... I can .... 学習のための言語 I'm hungry/sad/angry. 学習を通しての言語 自分のアイディアを表すための表現・単語。
Cognition 思考活動	理解 推測 活用 創作 色の3原色を知り、混色について推測する。その知識を活用しながら、英語で考え、好きな動物を創作する。	記憶 理解 分類 分析 活用 自分たちの作成した動物を生息地ごとに分類し、その生息地にある自然物を考えながら、作成する。	記憶 理解 推測 分析 創造 動物の直面する問題について推測・分析を行いながら理解し、問題の解決方法を考える。
Culture 文化・国際理解 / Community 協学	Solo 混色・動物作成のための個別の学び。 Pair 何を作成しているか表現するための教師とペアワーク。	Group 生息地作成のための班活動・グループワーク。	Solo Class 動物の直面する問題について推測・分析を行いながら理解し、問題の解決方法を考える。

9 授業展開

1時間目 「好きな野生動物を作ろう！」

Content（学習内容）　図工との統合学習

時間	Content （学習内容）	Communication （教師）
2分	挨拶	Hello, how are you? Oh, you are fine. Good. Who is fine today? How about you? Let's start our English class! Are you OK?
13分	導入 動物について、英語で聞きながら考え、自分の好きな動物についても話してみよう。	●本時のテーマ「好きな野生動物」について、児童の推測を促しながら、英語表現（**I like ....** 動物と色の名前等）を導入。 Today, I'm very happy. 一枚のカードを、表を隠して出し、児童に見せて、推測させる。 Why? It's because I have my favorite thing here. I like this very much. What is this? Can you guess? Let's do "Who am I?" quiz! I am an animal. I live in the forest. （森の写真を見せる） It is in China. （教室に世界地図があれば使う） Last hint. I like bamboo tress. （竹の絵や写真を見せる） Yes! I am a panda! Look at me! （カードを表にして見せる） ●色がない動物のカード（右図）を提示し、動物の色について思考を促す。 Oh, no colors. What colors? Yes, pandas are black and white. Which is black? Which is white? Let's think about it with your partner. Please point to the black parts and white parts. Any volunteers? Good! （色のついたパンダの絵や写真を見せる） Do you like pandas? Yes? Me, too. ●児童の好きな動物について考えさせ、児童の発話を大切にしながら、動物やその色についてやりとりを行う。 **What animal do you like?** （好きな動物は何？） Oh, you like elephants/giraffes/dolphins. What colors are they? Elephants are? （児童の答えを促す） Yes, they are gray.

用意する教材・教具：パンダの絵カード、動物の絵カード、世界地図、森と竹の写真 (PCとスクリーンが教室に あれば、スライドにしてもよい)、5色の紙粘土

ターゲットとなる英語表現 (学習の言語)

　語彙：Panda, elephantなど動物の名前、white, blackなど色の名前

　表現：What do you like? I like .... What do you want? I want ....

Communication （児童）	Cognition （思考）	Culture / Community （文化理解 / 協学）
Hello, Mr./Ms. .... I'm fine/sleepy. etc. OK!	理解 （話を聞く） 意欲を喚起する。	
○教師の話を聞きながら、推測する。 「へ〜、先生、ハッピーなんだ」 「なんで？」 「なんだろう？」 「動物？」「フォレスト」 「中国？」 「竹が好きなのって…」 「パンダ！」「Panda!」 「パンダの色がない！」 「白と黒。」Black and white! 「え〜、どこがblack？」 「目じゃない？」 「はい！」（前に出て白と黒の部分を確認） 「わあ、パンダ、可愛い〜！」 「Yes!」 「ゾウ！」「キリン！」「イルカ！」 Yes! I like elephants/giraffes/dolphins! 「ゾウは灰色かな？」 gray!	理解 動物について興味を持ち、教師の英語を聞きながら、本時の学習表現や動物に関する単語を理解する。 推測 英語を聞きながら、教師の話している動物について推測したり、考える。 認識 自分の好きな動物の英語名を認識する。	Class クラスのほかの児童と一緒に教師の話を考えながら聞き、英語の意味を理解する。 Pair 答えを確認し合う。 Class 好きな動物について、クラスの友だちの意見を聞いたり、自分の好きな動物についても話したりして、コミュニケーションを深める。

次ページへ ➡

1時間目 「好きな野生動物を作ろう！」（図工との統合学習）

前ページより ➡

時間	Content （学習内容）	Communication （教師）
35分	活動 図工 色の混色を考えなが ら、好きな動物を作 ろう！	●好きな動物創作のために、5色の紙粘土から欲しい色を伝えること、その際、動物によっては混色を考えることを、児童に伝える。 Now I know your favorite animals and their colors. Today, let's make your favorite animals with colored clay! （動物を作るジェスチャーをし、5色の紙粘土を見せる。黒板に今日の目標「英語で色を考えて、好きな動物をつくろう」を提示する。） Now I have only five colored clays; What colors? Let's check together! Red, yellow, blue, white and black. What colors do you want? Let's think!（考えるジェスチャーをする） ●例を見せる（ALTがいたらやりとりしてみせてもよい）。 Look at me. I like elephants. They are gray. What colors do I want? Right! So I say "I want black and white." Now it is your turn. Let's think about your favorite animals' colors. Then please come to the front! ●児童の欲しい色についてやりとりを行う。 **What color do you want?** Oh you want white and red? **OK. Here you are.** **You are welcome!** ●児童の動物創作を促す。この間は机間指導を行い、一人一人の児童と、創作している動物について英語でやりとりを行う。 **Do you like this animal? What is this? OK.** **Is this a snake? No? Oh, this is a turtle!** **You like turtles! It's a good turtle! Great!** ★英語での発話に自信がない児童にとって、具体的なものを通して、教師と一対一で対話することは、緊張なく英語を話せる機会となるので、よいところを見つけて褒めると、自己肯定感も高まることにつながる。
	ふりかえり・まとめ	Let's look back at today's lesson. How was that? 児童の活動と、それぞれ頑張って創作した作品を褒めて終わる。 You made wonderful animals! You did it! Please keep it in class. That's all for today. See you, everyone!

Communication （児童）	Cognition （思考）	Culture / Community （文化理解 / 協学）
○教師の話から紙粘土が5色しかないこと、その紙粘土を使って、混色しながら、好きな動物を創作することを理解する。 「わ〜！」「ホントに？」	理解 本時の活動について、教師の話を英語で聞きながら、理解する。	Class 教師の実験を見ながら、自分の知らないことを発見し、その意味を考え、他の児童と話し合いながら、適切な考えを見出す。
「5色しかないんだ」 「え〜?!」 Red, yellow, blue, white, black. 「う〜ん」 Black and white!	推測 教師の話を聞きながら、色の混色について推測し、考える。	
○自分の好きな動物を創作するために、必要な色を考える。 ○教師に好きな動物を作るために欲しい色を英語で伝える。 White and red. Please. Yes, I want white and red. Thank you! ○紙粘土で好きな動物を作る。 Yes!「先生、あててみて」 No!「亀だよ。」 Thank you!	活用 創作 自分の好きな動物を作成するために、教師と英語でやりとりしながら、紙粘土を入手し、創作する。	Solo Pair Group 混色や動物創作において、一人で作業してもよいし、友達と考えながら行ってもよいように班形態で活動を行う。
「楽しかった！」「面白かった！」 「これ作った！」 感想や学べたことなどを共有する。 Thank you, Mr./Ms. .... Good-bye!	統合 教師の話を聞きながら、本時の学びをふりかえる。	Class 本時で創作した自分の作品と友だちの作品を見て、それぞれの頑張りとよさを認め合う。

2 時間目 「動物の住処について考えよう」

Content（学習内容） 理科、図工、音楽との統合学習

時間	Content （学習内容）	Communication （教師）
2分	挨拶	Hello, how are you? Let's study English!
8分	前時の復習 音楽 動物の生息地の歌を歌おう。	●児童が前時に創作した動物について復習しつつ、本時の学びである動物の生息地について、写真を使いながら歌を歌い、体験的に慣れ親しませる。 What animals do you like? Please show me your favorite animal! Oh, it is a nice panda / a turtle / an elephant, etc.！ Where do your animals live? Can you guess? Today, let's sing a song and go to the animals' homes! Stand up and let's make a circle! ♪ Let's go to the forest, first! How are you? 　　I am good! Many animals live in the good old forest. 　Let's go to the ocean then! How are you? 　　I am cool! Many animals live in the good cool ocean. 　Let's go to the savanna! How are you? 　　I am hot! Many animals live in the good hot savanna. 　Let's go to the wetland! How are you? 　　I am wet! Many animals live in the good wet wetland. 　Let's go to the Arctic/Antarctic! How are you? 　　I am cold! Many animals live in the good cold Arctic/Antarctic.　♪ 　　　　　　　　（「ロンドン橋落ちた」のメロディーで歌う）
12分	活動1 理科 動物の生息地について考えよう。	●前時の創作物を使いながら、各生息地（**forest, fcean, savanna, wetland, Arctic/Antarctic**）に住む動物の分類を促す。 Please show me your animal! Oh, your turtle is very cute. I like turtles, too. So now I am a turtle.（亀のまねをする）OK? Where do I live? Can you guess? I live in the ...? Yes! I live in the ocean. Who lives in the ocean? You are right! Dolphins and turtles live in the ocean! How about you? **Where do you live?** Let's think! You live in the ...? Good! Today's goal is this!「動物のすみかについて考えよう」 （黒板に提示する） ●5つの生息地グループを作るため机を移動させ、各グループの机上に**forest, ocean, savanna**などの写真を置く。 Great! Now, let's make five groups! I'll put a forest picture here. So this is the forest group. Hold your animal and stand up. Let's move!

> **用意する教材・教具**：動物の生息地の写真（森、海、サバンナ、湿地帯、極地）、模造紙（生息地のベースになる色：緑、青、茶）、紙粘土（折り紙、クレヨン、色鉛筆でもよい）
>
> **ターゲットとなる英語表現（学習の言語）**
> 　**語彙**：forest, ocean, savanna, wetland, Arctic/Antarctic, tree, riverなど
> 　**表現**：Where do you live? I live in the ....

Communication （児童）	Cognition （思考）	Culture / Community （文化理解/協学）
Hello, Mr./Ms. .... I'm fine. OK!	理解 （話を聞く） 意欲を喚起する	
○友だちの創作物を鑑賞しながら、教師の質問に答え、英語名について確認する。 I like ...s! 教師に自分の動物を見せる。 OK! ○動物の生息地名について写真などの視覚教材とともに、音楽（『ロンドン橋落ちた』）のメロディーにのせて、ジェスチャーもつけながら歌い、慣れ親しむ。	記憶 理解 前時で学んだ動物や本時で学ぶ動物の住処について、教師の話しや問いかけを聞きジェスチャーや写真などを使って理解する。	Class クラスの友だちの作ったさまざまな動物を鑑賞し、それに対する感想を共有しながら、教師の英語を聞いて、前時の学びを確認し、理解を深める。また、本時の学習言語について歌や写真（視覚教材）、ジェスチャーなど多感覚な活動で、クラス全員で楽しく慣れ親しむ。
○自分たちの作った動物がどの地に住むのかを考えながら、生息地を理解する。 先生、turtleになった！ OK! Ocean! （イルカを作った児童など）Me! Forest! Savanna!など。 ○机を移動し、5つのグループを作る。 教師が写真を置くのを見て、どこに、どの生息地があるかを理解する。 自分の作った動物を持ち、その動物の生息地を考え、移動する。	理解 分析 動物の生息地について、教師とやり取りしながら理解し、自分の動物の生息地を分析し、移動する。	Class 教師の話を聞きながら、動物の生息地について考える。 Group Solo 自分の創作した動物がどの生息地にいるか考え、移動する。

2時間目 「動物の住処について考えよう」（理科、図工、音楽との統合学習）

前ページより ➡

時間	Content （学習内容）	Communication （教師）
25分	活動2 図工 自分の創作した動物の生息地をグループで作成しよう！	●児童が創作した動物の生息地ごとに分類したグループで、その生息地を作成することを伝える。 Let's make the savanna, ocean, forest, wetland, Arctic, and Antarctic! ●各グループに、生息地作成に必要な色模造紙（green, blue, brownを用意）と紙粘土（折り紙などでもよい）を考えさせる。 What color do you want? Let's think in your group! ●各グループに必要なものを、英語で尋ねながら、配る。 What color do you want? OK. Here you are. You are welcome! ●机間指導を行い、グループごとに作成している生息地について、次のようなやりとりしながら、協同学習を促す。 Oh, it's a wonderful place! Now, you are your favorite animal. 〜さん、**Where do you live?** Oh! You live in the wet wetland. How about the next group. Where do you live, 〜さん？ Good help! So you live in the ...? One more time. **Where do you live?** I see! You live in the old forest! ●最後に生息地ごとに、写真を撮り、次回の授業の復習にも活かす。
	ふりかえり・まとめ	Let's look back at today's lesson. How was that? You did it! 協同創作活動を褒め、それぞれ頑張って作った生息地を全員で鑑賞する。 Please answer today's last question! Now, you are your favorite animal. OK? **Where do you live?** You live in the wonderful places! That's all for today. See you next time!

Communication（児童）	Cognition（思考）	Culture / Community（文化理解 / 協学）
○自分の創作した動物の生息地を、同じ生息地に住む動物を作成した仲間とともに作成する。 ○グループで協働しながら、それぞれの生息地にあるものを考える。 「フォレストはgreenがいいよね。」 「木があるから、brownでもいいかも。」 ○生息地を創作するのに欲しいものを、教師に伝える。 I want green and brown! Thank you! ○仲間とともに、自分の好きな動物の生息地について考えながら、協同創作を行う。 OK! Thank you! **I live in the wetland!** Yes! 「え～となんだっけ？」「Forestだよ」 「Forest!」 **I live in the forest!** Thank you!	理解 分析 創作 自分の創作した野生動物の生息地は、どうなっているかをグループの仲間と考え、創作しながら、自然物について英語で理解を深める。	Group それぞれの生息地ごとに、どのような自然物があるかについて、考え合い、分担を決めて、自然物を創作し、グループでの協同制作を行う。 Wetland group Forest group
感想や学べたことなどを共有する。 「動物の住んでいる場所がわかった！」 OK! I live in the ...! Thank you, Mr./Ms. .... See you!	総合 教師の話を聞きながら、本時の学びをふりかえる。	Class 協同制作した生息地を鑑賞し、生息地について知り、お互いの頑張りとよさを認め合う。

3 時間目 「動物の住処で起こっていることを知ろう」

Content（学習内容） 社会、図工、道徳との統合学習

時間	Content （学習内容）	Communication （教師）
2分	挨拶	Hello, how are you? Oh, you are fine. Good! / You are sleepy. Why? Let's start our English class! Are you OK?
5分	前時の復習	●児童に前時に創作した生息地ごとの写真を見せ、動物と生息地の復習をする。 Look at this picture. What is this? Good. It's the forest. What can you see? That's true. We can see many trees. How about animals? Who lives in the forest? Yes, pandas, koalas, bears and monkeys live in the forest. How about this one?
15分	活動1 社会 動物たちの生息地で起こっている問題について知ろう！	●きれいな海と汚い海の写真を比較しながら見せ、cleanとdirtyを導入し、動物の生息地で起こっていることに気づかせる。 （きれいな海の写真を見せる）What is this? Yes, it's a clean ocean. Many turtles, dolphins and fish live in the clean ocean. How about this one?（ビニール袋やペットボトルなど多くのゴミが投げ捨てられた海の写真を見せる） Yes, it's dirty. What can you see here? Yes, plastic bags and bottles, many dirty things are here. Why? Yes. What happens to the animals in the dirty ocean?（ビニール袋をクラゲだと思って食べ、窒息死した海がめの写真を見せる） Why? Can you guess?（クラゲの写真とビニール袋を見せる） Turtles like jelly fish. Jelly fish is their favorite food. And this plastic bag is like ...?（児童の答えを促す） Yes, turtles eat plastic bags.

用意する教材・教具：動物の生息地の写真（森、海）、ワークシート、色鉛筆・クレヨン
ターゲットとなる英語表現（学習の言語）
　語彙：clean, dirty, food, tree, jelly fish, plastic bag, bottle, think
　表現：It's .... / Can you ...? / What can you ...? / I can ....

Communication（児童）	Cognition（思考）	Culture / Community（文化理解/協学）
Hello, Mr./Ms. .... I'm fine/sleepy, etc. OK!	理解（話を聞く） 意欲を喚起する	
○創作した生息地を鑑賞しながら、教師の質問に答え、前時の学びをふりかえる。 Forest! It's the forest. 「木がたくさんあるよ。」 「パンダ！」「コアラとクマもいる。」 「さるもいるよ。」	記憶 理解 前時で学んだ動物について、教師の話や問いかけを聞きながら、確認し、理解を深める。自分たちの創作した動物や生息地に親近感と愛着を深める。	Class 協同制作したさまざまな生息地を鑑賞しながら、教師の英語を聞いて、前時の学びを確認しクラス全員で創作した動物や動物の住処について、学びを共有する。
○①動物の生息地で起こっている問題について、教師の話を聞き、考え、理解する。 Ocean!「波が光ってる。」「きれい。」 Clean ocean. 教師の話にうなずく。 「うえ～！」「きったない！」 Dirty! It's dirty!「汚い海！」 「ゴミ」「ビニール袋！」「ペットボトル！」 「人が捨てるから。」 「え～？」「どうなるの？」 「うわっ。」「えっ？」「死んでる。」 「ビニール袋、食べたの？」「なんで？」 「くらげ、好きなんだ。」 「Jelly fish.」 「ひどい…。」	理解 比較 推測 教師の話を聞き、問いかけに答え、野生動物が直面する問題について、比較・分析しながら、理解する。	Class 教師の話を聞きながら、動物の生息地で起こっている問題について、クラスで意見を共有しながら、理解を深める。 ビニール袋を食べ、窒息死した海がめに驚く児童たち

3時間目 「動物の住処で起こっていることを知ろう」（社会、図工、道徳との統合学習）

前ページより ➡

時間	Content (学習内容)	Communication (教師)
		●①と同様、きれいな森と汚い森の写真を対比させながら、cleanとdirtyを使って、生息地で起こっている問題に気づかせる。 How about this one? This is ...? But this is ...?（木が伐採されて枯れ果てた森林を見せる） Yes, it's a dirty forest. Why? Can you guess?（家や開拓した畑の写真を見せる） Yes, people want trees and food. We want houses and food. But many animals like leaves or fruits of trees in the forest. Can you see trees in the dirty forest? What happens? Yes, animals don't have any food in the dirty forest. How are they? Yes, they are very hungry.（餓死した動物の写真を見せる） How do you feel? Me, too. I'm very sad, too. Who is sad? I see. You are angry. Me, too. Who is angry?
25分	活動2 道徳・図工	●動物や動物の生息地を守るために、自分たちにできることについて、児童の考えを促す（ペア・グループで考えを促してもよい）。 **What can we do?** This is today's goal. 「野生動物と動物の住処を守るため、自分たちにできることを考えよう。」を黒板に提示する。 Do you have any ideas to help animals in the forest or the ocean? They want a clean forest and a clean ocean. Let's think about your idea! It's a good idea! You can clean the ocean! You can recycle. ●画用紙を配り、動物を救うためのアイディアをまとめ、ワークシートを作成させる。机間指導をしながら、児童の活動を支援する。 Let's think! ●互いのワークシートを見て内容を確認し、児童の考えをクラスで共有する。 Let's share your ideas. **What can you do?** Thank you for your good ideas. Please show your worksheet to your friends!
	ふりかえり・まとめ	Let's look back at today's lesson. How was that? それぞれの児童の作品を学びの成果として掲示する。 Yes, many animals live in the forest and ocean. But they like the clean forest and ocean. Can we help the animals? That's all for today. See you next time!

Communication （児童）	Cognition （思考）	Culture / Community （文化理解／協学）
○①と同様、動物の直面する環境問題について、教師の話を聞き、考え、理解する。 Clean! Dirty! 「なんで？」「人間？」「家とか畑作るからだ。」 No.「切り株ばっかり。」 「食べ物なくて、お腹がすいちゃうよ。」 「…」「ひどい。」 Sad. I'm sad. （教師の問いに、I'm sad.の児童は手をあげる） I'm angry. （教師の問いに、I'm angry.の児童は手をあげる）	理解 比較 推測 野生動物が直面する問題について、比較・分析し、理解する。	Class 動物の生息地で起こっている問題について、理解を深める。 教師の話を聞き、写真に見入る児童
○①動物や動物の生息地を守るために、自分たちにできることを考える。 「海をきれいにする。」 「ペットボトルをリサイクルする。」 ○②これまでの学びをもとに、動物を助けるためのアイディアを考え、ワークシートを作成する。 ○③作成したワークシートを見せ合い、自分の考えや友達の考えを共有し合う。 I can clean the ocean. I can recycle plastic bottles.	理解 分析 創作 野生動物やその生息地に愛着を持ち、そこで起きている問題について、自分たちのできることを分析しつつ、考える	Solo Pair Group 動物と動物の生息地を守るために、友だちと意見を共有しながら考え、地球市民として、自分のできることを考える。 児童のワークシート
感想や学べたことなどを共有する。 「野生動物が人間のせいで大変な目にあっている」 「世界の人とつながり、動物を守りたい」 Yes, we can! Thank you! See you!	総合 教師の話を聞きながら、3時間の学びをふりかえる。	Class 創作したワークシートを鑑賞し合い、お互いの頑張りとよさを認め合う。

10 指導案をもとに実施した授業例と省察

① CLIL は豊かな内容で、児童の興味と学習意欲を喚起し、言語学習を促進する

　このCLIL授業では、通常の外国語活動の授業では消極的であった学びに困難を抱える児童たちが、学習に興味を示して積極的な関わりを見せてくれました。そのうちの一人の児童はCLILの1時間目の授業でウミガメを進んで2匹創作しました。授業内で、教師から"Is this a turtle? It's a good turtle!"と言葉をかけられ嬉しそうにうなずいていましたが、発話することはありませんでした。しかし、この児童のCLIL授業後のふりかえりシートには授業で覚えていることについて「タートー」との記述がありました。これは児童の興味に沿う体験的で自己関連性を深める言語学習により、授業活動のなかで発話を強制しなくとも、言語の学びが促されたことを示しています。このCLIL授業により、学びに難しさを抱えていた児童は、英語をはじめとして、他教科学習へも意欲を持つようになりました。

② CLIL はことばを使う自然なプロセスと多感覚な学びによるインクルーシブ教育を促す

　CLILでは、児童の授業内での必然性のある英語使用が増加します。動物をテーマとして今回の授業とほぼ同様の「学習の言語」を使用し、通常の外国語活動の形態で授業をした結果、CLIL授業では、内容と思考の深化を伴う多様な文脈のなかで、使う必然性のあるたくさんの英語に多感覚を使って触れることができるとわかりました。たとえば、1時間目の授業では"What color do you want?"に対し、児童は好きな動物を創作するのに何色が必要か色の混成について、聴覚、視覚、分析的思考を使って答えます。そこで得た色の材料で、今度は触覚をフルに使いながら、好きな動物を創作し、英語の動物名を学びます。2時間目の生息地名の学びでは、歌や写真、ジェスチャーを使い、慣れ親しみます。このように五感をフルに使う多感覚で行う多様な活動は英語が得意な児童だけではなく、学びに難しさを控えている児童にとっても「その場に合わせた」「ことばを使う自然なプロセス」のなかで、積極的なコミュニケーションと言語の学びを促す可能性があります。これは外国語教育におけるインクルーシブ教育の実現の可能性を示しています。

③ CLIL は思考活動と協学を活性化し、相互文化理解を深め、学習の動機づけを高める

　今回の3時間目のCLIL授業では、野生動物が直面する地球的課題を知り、考えるという高次の思考活動まで広がり、個々の児童の考えを促す協学が必須となりました。児童が3時間目の授業で作成した作品では、児童は社会科や道徳での学びをつなげ、絵とことばで表現しています。このCLIL授業の児童のふりかえりでは「今日の授業で世界の動物についての問題を知れてよかった」「もっと英語を勉強して世界の人と動物を守りたい」との感想がありました。これは英語学習の初期段階からでも、学齢に合う思考活動や協学を活性化し、相互文化理解につながる国際理解を促す活動により、児童が英語の学びの意義に気づき、学習への動機づけを高める可能性を表しています。

2

『水の旅』The Water Cycle

社会、理科、家庭科、国語と関連した国際理解教育としてのCLIL授業

町田淳子

背景

　この授業案は、公立小学校の4年生を対象とした外国語活動で実践したものを元に、4、5年生に対応できるCLIL授業として書き直したものです。実践した小学校は東京都下の多様な背景を持つ児童が学ぶ一般的な小学校で、当時4年生は、低学年で年に数回「英語を使って遊ぼう」という活動を体験しただけで、3学期になって初めて連続した外国語活動をするという状況でした。塾や英会話学校で学んでいる児童が数名いて、「わたし、英語、習ってるんだぁ」などと楽しみを隠せない様子で話しかけてきましたが、多くの児童は英語に対して不安があるようでした。なかには、すでに「英語は嫌いだから…」という児童も数名見受けられました。けれども、このCLIL授業を終えた後のアンケートに「英語が苦手だから英語を習っているけど、習っている英語よりずっと楽しかったです」「あまり英語が好きではなかったけれど、水のことを勉強してから英語が好きになりました」と、とても肯定的に感想が書かれていました。

　教科の内容を学ぶだけではなく、国際理解教育の一分野である環境教育を目指した外国語活動として実践したものですが、テーマ設定のきっかけは、社会科で「川」の単元を終えた後に外国語活動でもその学びを深めて欲しい、という担任教員の希望でした。この授業で児童は、英語を使いながら、ふだん何気なく、また不自由なく使っている水について、どのように使っているか、その水はどこからくるのかを改めて見直します。そこでは、社会科の「水とくらし」、理科の「水のすがた」で学んだ概念が活かされるとともに、家庭科で考える「消費者にできること」にも結びつけて、環境に対する意識を高めることができます。加えて、学びを通して親しみをもった「水」について、児童自身が思い描くことばを使い、短い定型詩を書いて朗読するという活動を取り入れていますので、そうした創作活動によって、児童一人ひとりのことばへの感性を高めることにもなります。とても短い詩ですが、国語の「詩を読もう」「朗読しよう」の単元の学びとも響き合い、英語を使うことで、新鮮な、また創造的な体験にもなるでしょう。

　なお、この授業案は、拙著『テーマで学ぶ英語活動』(三友社出版) で紹介したテーマ学習「水の循環」を元に、実際には5時間かけて行ったものを3時間の授業展開にアレンジしたものです。

小学校外国語教育におけるCLIL授業 『水の旅』

1 指導者 　小学校学級担任、日本人英語指導者またはALT

2 対象学年 　4、5年生

3 外国語活動と教科内容の関わりについて

　本授業は、理科［水のすがたと温度（4年）、水のはたらき（5年）］、社会［水はどこから（4年）、わたしたちの生活と環境（5年）］、国語［詩を読もう（4年）、朗読で発表しよう（5年）］、家庭科［消費者にできること（5、6年）］と、多くの教科内容と関連づけており、「水」につながる内容を学びながら、必然的な英語表現を使う工夫をし、内容と言語の統合を図っている。

4 単元目標

［科目内容］

社会／家庭科：暮らしのなかでの水のありかや利用に関心を持ち、水を大切にする。

理科：水のすがたやはたらきに関心を持つ。

国語：自分の思い描く「水」について詩を書き、朗読する。

［英語学習］

- 水の用途や水のありかについて、聞いたり言ったりすることができる。（知識／技能）
- 暮らしのなかで使っている水の量や、地球上で使える真水の量について考えたり、自分にできることを判断し、発表する。また、自分の水のイメージを言葉にし、短い詩として表現する。（思考力、判断力、表現力等）
- 上記の場面で積極的に声を出し、人と関わろうとする。（学びに向かう力、人間性等）

5 単元評価規準

- 学習場面で積極的に英語を聞いたり、言ったり、伝え合うことができる。
- 自分と水との関わりについて、自ら考え、また感じたことを表現しようとしている。
- 水の貴重さや素晴らしさを理解しており、それを守るために自分にできることがあると気づいている。

6 学習言語材料

語彙：日常で水を使う行動（wash my ..., cook, flush the toilet, etc.）
　　　　頻度を表すことば（always, often, sometimes, never）
　　　　自然のなかの水のありかを表すことば（river, ocean, lake, clouds, ice, etc.）
　　　　詩のなかで使うと考えられることば（clear, white, blue, cool, cold, etc.）

表現：水の使い方を問い、答える表現（How do you use water every day? I ....）
　　　　水のありかを問う表現（Where is water? It's in ....）
　　　　水について詩を書く際に使う定型表現（You are ....）

7 配当時間と単元内容

1時間目 　「どのように水を使っているだろう」（社会、家庭科との統合授業）

2時間目 　「水はどこにあるのだろう」（理科、社会との統合授業）

3時間目 　「水について詩を書こう」（社会、国語との統合授業）

8 CLILの4Csとの関連

時限 4Cs	1時間目	2時間目	3時間目
Content 内容	How do we use water every day? 毎日自分たちが、どのように水を使っているか見直そう。	Where is water? 私たちが使っている水は、自然のどこにあるのか考えよう。	Let's write a poem about water. 私たちにとって大切な水について詩を書こう。
	社会、家庭科（暮らしの見直し） 理科（水量の体感）	理科（水の形態変化） 社会（水のある場所／実態／社会問題）	国語（詩の創作／朗読）
Communication 学習言語	学習の言語 水を使った日常の行動 wash my hands, cook, take a bath, etc. 頻度を表す言葉 always, often, etc. We use ... liters.	学習の言語 水のありか river, lake, ocean, puddle, rain, snow, etc. Where is water? It's in	学習の言語 定型詩で使う表現 Water, water. You are ....
	学習のための言語 How do you use water every day? How much water do you use?	学習のための言語 Let's review. Please write your ideas. Work in pairs (groups).	学習のための言語 Let's write a poem about water. Please read your poem.
	学習を通しての言語 水の使い道について、準備した語彙以外の単語、既習の数字表現	学習を通しての言語 水の場所の未習単語、その他活動のなかで起こる対話の表現など What's this? Is this OK?	学習を通しての言語 詩のなかで、児童が英語で表現したい語彙 例）clean, cool, big, etc. 既習の表現 例）You are the ocean. 英語表現のたずね方 What is ... in English?
Cognition 思考活動	認識 列挙 推測 統合 毎日どのように水を使っているか考え、使用量を想像する。実際を知り、家庭での使用量の合計を出す。	定義 想像 発見 判断 水がどこにあるか考える。それぞれの水のつながりから、水の循環を認識し、その実態について考える。	認識 描写 構成 産出 水のイメージのマッピング。水は命の源、限りあるものであることを認識する。定型文で詩を創作。
Culture 文化・国際理解 / Community 協学	Solo → Group 水の使い道を考える。 Pair 聴き取り。ワークシートの確認。 Class 全体で意見交流。	Solo → Group 水のある場所を考えて書き出す。 Class 全体で意見交流。	Solo 詩を創作、発表する。 Class 静かに発表を聞き、共感し合う。

9 授業展開

1 時間目 「どのように水を使っているだろう」

Content（学習内容） 社会、家庭科との統合学習

時間	Content （学習内容）	Communication （教師）
2分	挨拶	Hello, how are you? Good! Let's learn English!
13分	導入 家庭科 絵カードでふだんの水の使い方を確認しよう。 ワークシートを使って水の使い方の表現に慣れよう。	●①の絵カードを黒板に並べる。 Look at these picture cards. What do they have in common? 「共通することは何だろう？」 Yes. Good guess. We see water in every picture. This is how we use water every day. 「みんな、毎日こんなふうに水を使っているね」 Let's say that in English. ●ジェスチャーをしながら、絵カードの英語表現を導入する。 **Wash my face. Take a bath. Cook, etc.** 「ここで、聴き取りクイズをするよ」 ワークシートAを配る。 ●聴き取れた言葉をヒントにワークシートのあてはまる絵を指すように促す。 Listen to my words and point at the picture. How do you use water? **I take a bath.** Please share the answer with your partner. Good. Let's say that again. ●同様にして他の表現も導入する。 How else do we use water? 「ワークシートにメモしよう」 ●他の使い方も聞き、板書する。 You see? Every day, we use water in many ways!

54

用意する教材・教具：①水を使う場面の絵カード、②ワークシートA、③4コーナーゲーム用の文字カード、④絵カード、⑤牛乳パック、⑥調理用ボウル、⑦数字ポスター

ターゲットとなる英語表現（学習の言語）

　語彙：wash my hands, cook, take a bath, flush the toilet, etc. always, often, never, etc.

　表現：I take a bath. We use ... liters.

Communication （児童）	Cognition （思考）	Culture / Community （文化理解 / 協学）
Hello, Mr./Ms. .... I'm fine. Yes, let's!	理解 （話を聞く） 意欲を喚起する	
すべての絵カードを見比べ共通することを考えて、言う。 「家事？」 「水がある？」 「水を使ってる」	理解 （話を聞く） 水について興味を持ち、教師の英語を聞きながら、水に関する英語表現を理解し、水について考える。	Class クラスのほかの児童と一緒に考えながら、英語の意味を理解する。
教師の後について声に出す。 ジェスチャーしながら身体で発音と意味を理解する。 **Wash my face. Take a bath. Cook, etc.**	推測 列挙 英語を聞くことを通して、少しずつ推測しながら、水に関する英語を理解する。	Pair 答えを確認し合う。 <ワークシートA>
教師の英語を聴き、ワークシートAの該当する絵を指さす。 **I take a bath.** 隣の人と指した場所を確認し合う。 同様に続け、導入された表現に慣れる。 絵に描かれたこと以外で、普段水を使ってしていることを考え発表する。 「庭の水やり」 「掃除！」		

<ワークシートA>

How do you use water?　Worksheet A

Class _____　Name _____

brush my teeth　　flush the toilet

wash clothes　　wash dishes

take a bath　　wash my hands

cook　　wash my face

他には、どんなふうに使っていますか？

次ページへ ➡

55

1時間目 「どのように水を使っているだろう」（社会、家庭科との統合学習）

前ページより ➡

時間	Content （学習内容）	Communication （教師）
10分	活動1 社会、家庭科 4コーナーゲームで水の使い方をふりかえろう	Now, let's think more in a four-corner game. You will use these four words to answer: ●③のコーナーの文字カードを教室の4隅に貼る。 「これから示すことを、みんなはしているかどうか、4つのコーナーに動いて答えてもらいます。まず言ってみよう」 **always**（いつも）, **often**（よく）, **sometimes**（時々）, **never**（まったくない） Here's Question No.1. （④の絵カードから水を出しっぱなしにして歯みがきしている絵を見せて） When you brush your teeth, do you do this? Let's move! ●同様に質問を続け、最後に席に戻ったら、どんなことに気づいたかを問いかける。
20分	活動2 家庭科 どれくらい水を使っているか、牛乳パックをもとに想像しよう	「こうして水を使うことで、どのくらい水を使っていると思う？」 ●牛乳パックを見せながら、次のように水の量を体感させる。 Look at this. What's this? Yes, it's a one-liter milk carton. Now watch this, and please count, like one, two, three ... OK? See how much water runs in five seconds! 「これで、どれくらい水を使うか想像できるね。水の量を表すには、数が必要だね」 ●数字ポスターを貼り、数の言い方を復習する。
	数字ポスターを使って数の言い方を復習しよう（ここでは既習として扱う）	「では、想像してみよう」 To wash your face, how much water do you use? Please guess. Two liters? OK, but ... 「もし水を流しっぱなしで1分かけて洗うと…」 **We use twelve liters!** 「ワークシートの空欄に数字を書いて、隣の人と確認し合おう」 ●他の使い方についても、同様に想像させて進める。 We use a lot of water every day!
	ふりかえり・まとめ	Let's look back at today's lesson. How was that? 児童の活動を褒めて終わる。 You did a wonderful job! That's all for today. See you, everyone!

補足：活動1については、活動2のような取り組みに時間のかかるクラスや、数の読み方を初めて学ぶ場合は省くことも可。クラスの状況に合わせてください。

Communication （児童）	Cognition （思考）	Culture / Community （文化理解 / 協学）
教師が貼った always, often, sometimes, never の4つのコーナーに動いて問いに答える。その際に、**Always! Often! Sometimes! Never!** と声を出して言う。 活動1の4コーナーゲームの質問例 When you take a bath, do you do this? （風呂の湯があふれている絵） When you wash dishes, do you do this? （残飯を排水溝に流している絵）　など	推測 理解 水に関する英語表現を推測しながら理解し、水の使い方について考える。	Class 自分の考えとほかの児童との違いに気づく。
「牛乳パック！」 数を数えながら、教師がボウルに牛乳パックいっぱいに入った水を流すのを見る。 One, two, three, four, five, ... 「5秒でこんなに！」 ポスターを見ながら、教師の後について、数字を読んで復習する。 推測して答える。 **Two liters?** ほかの場合についても教師の質問に応じて推測し、実際の量を聞き取ったら、ワークシートに記入する。 隣の人と、書けたかどうか確認し合う。	推測 洞察 教師が実験をするのを見ながら、どうなるか推測し、結果を記録し、それがどのような意味があるのか考える。 ＊数字ポスターで読み方を復習する際、まず20までの数字を読み、30から100までは、thirty, forty のように読み進め、ほかの数字は、ポインターで示した数字について、ルールに気づかせながら、復習する。 使う水の量を想像する。	Class Solo Pair 教師の実験を見ながら、自分の知らないことを発見し、その意味を考え、ペアの児童と話し合いながら、答えを確認し合う。
感想や学べたことなどをワークシートのふりかえりに書く。 Thank you, Mr./Ms. .... Good-bye!	統合 水について学んだことをふりかえる。	Class 自分の考えとほかの児童の考えを比較する。

＜水の平均的使用量＞

歯磨き：コップの水だけ＝0.2ℓ、出しっ放しにして1分磨く＝12ℓ　　　食器洗い：5分出しっ放しで洗う＝約60ℓ

トイレ：古いタイプ＝12ℓ、新しいもの＝約6ℓ　　　手洗い／洗顔：30秒、出しっ放しで洗う＝約6ℓ

洗濯機：4人家族の平均で1回＝約100ℓ　　　料理：献立によるが、材料を洗うなどを含み最低＝約6ℓ　　　風呂：約200ℓ

＊いずれも、水道局のHP参照。1分間、水を出しっ放しにすると12ℓ流れることを元に算出したもの

2時間目 「水はどこにあるのだろう」

Content（学習内容） 理科、社会［環境］との統合学習

時間	Content （学習内容）	Communication （教師）
2分	挨拶	Hello, how are you? Let's start today's English class!
5分	復習 家庭科 絵カードで復習しよう	First, let's review. **How do you use water every day?** You wash your face. Good! Let's say **"I wash my face."** ●児童の記憶を引き出しながら、①絵カードで既習の表現を読みあげ、確認する。 ペアになって訊ね合うよう、促す。 Ask your partner.
15分	導入 理科 ワークシートに自然のなかの水のある場所を書き出そう 絵カードも使って、水のありかを表す英語表現に出会おう	We use a lot of water every day. 「毎日たくさん使うその水、どこにあるの？」 ●ワークシートを配り、次のように活動を促す。 「水道の水は、もとは自然のどこにあるのかな？ワークシートに書こう」 **Where is water in nature?** Please find the places and write them in the worksheet. ●児童の作業の進み具合を見て、ペアワークに移る。 Now work in pairs. ●机間巡視しながら励まし、様子を見て、グループワークに移る。 Let's think in groups. Time's up. Now let's share the ideas in class. **Where is water?** ●児童の言葉を板書する。③の絵カードがあるものはカードを貼る。 Yes, "ocean!" Let's say, "ocean." **It's in the ocean.** ●他の言葉も同様に対話をくり返しながら導入する。 **Where is water?** Wonderful! Yes, **it's in the rain.** You have so many ideas!

2

用意する教材・教具：①水を使う場面の絵カード、②ワークシートB、③水のありかの絵カード（文字つき）、④水の入った2リットルのペットボトル

ターゲットとなる英語表現（学習の言語）

　語彙：river, lake, ocean, puddle, rain, snow, etc.

　表現：Where is water? It's in ....

Communication （児童）	Cognition （思考）	Culture / Community （文化理解 / 協学）
Hello, Mr./Ms. .... I'm fine. Yes, let's!	理解	Class
OK! **Wash my face.** 「顔を洗う」 **I wash my face.** 隣の人と質問し合う。 **How do you use water?** **I flush the toilet.**	記憶 理解 応用 学んだことを確認して、実際に使ってみる。	Pair 教師の支援のもとに、ほかの児童と協力して、やりとりをする。
「水道」 水のあるところを考え、ワークシートに書き出す。 ペアで考え、話し合う。 グループで考え、話し合う。 クラスで考えを出し合う。 「海！」 Ocean! **It's in the ocean (rain, snow, lake, clouds, etc.).** 「滝」 It's in 地下水！ など	理解 応用 分析 教師の話を聞きながら、水について考えることで、知識を共有し、推測し、疑問を持ちながら、関係する英語を学ぶ。人と水の関係を考える。 <ワークシートB> Worksheet B **Where is water?**　Class ＿＿ Name ＿＿＿＿＿＿	Pair ほかの児童と協力して、答えを考え合う。 Group グループで意見を出し合う。 Class クラス全体で共有する。 ペアやグループでほかの児童と互いに知識やアイディアを補い合うことの大切さを理解する。

次ページへ ➡

59

2 時間目 「水はどこにあるのだろう」（理科、社会［環境］との統合学習）

前ページより ➡

時間	Content （学習内容）	Communication （教師）
10分	活動1 （5分） 理科 さまざまな場所の水、それぞれどこから来たのか線でつないでみよう	●板書した言葉に注目させ、水の循環に気づかせる。 Yes, we have water in many places. Now where does this water come from? Good, then how about rain? ●このように一つひとつ考えさせ、児童の答えを受けて、板書した言葉を線で結んでいく。 たくさんのつながりができたところで Here, what do you see? Yes, they are all connected. What is this? Yes, it is water cycle. Water goes round and round!
18分	活動2 （13分） 理科 クイズで知ろう、考えよう、地球上の水のこと	●ペットボトルを使って、地球の水と自分たちの使える水の量を想像させる。 Now look at this. What is this? Yes. It is a plastic bottle. What is inside? Yes, water. How much water is in the bottle? Good!「これを地球全体にある水としよう。でもこのうち私たちの暮らしに使える水はどれくらいだと思う？」 Let's say this is the whole water on the earth. But, how much water can we use for our daily life? 児童たちの考えを聞いた後、ジェスチャーをしながら、 It's only a few eye drops! ●さらにクイズで水への好奇心を引き出す。 Now let's have TRUE or FALSE Quiz.（Water Quiz 参照）。 Please listen. If you think it's true, please raise your hand. Are you ready?
	ふりかえり・まとめ （5分）	感想を引き出し、さらに知りたいことなどを訊ねる。 What do you want to know more about? Great idea! That's all for today. See you soon!

＜Water Quizの出題例＞

1) 私たちの身体の約半分は水でできている。
2) 地球上に生物が誕生したのは、海の中である。
3) 地球上に降った雨水の35％は、森林の土に溜められる。
4) 人間は水分を取らなくても2週間は生きられる。
5) 現在の地球上の水の量は、地球に水が生まれた頃より増えている。

Communication （児童）	Cognition （思考）	Culture / Community （文化理解 / 協学）
教師が黒板の海の文字を指して質問するのを聞き、海の水がどこからくるのかを考える。 Rain! 「雲から落ちる」Clouds! 「湖から地下水！」 見つけた関連を、前に出て線でつなぐ。板書したすべての言葉が線で結ばれていくことに気づく。 水の循環？ Water cycle! Water goes round and round!	記憶 理解 応用 分析 教師の英語での問いかけを聞きながら、考え、想像し、水の循環（water cycle）を発見する。	Class 教師の問いかけに、間違いを恐れず積極的に答えたり、質問したりする。 また、教師とほかの児童とのやりとりに協力して参加する。
ペットボトル！ It's a plastic bottle. Water! 2ℓ（liters）！ ボトルの水が地球上のすべての水の量だとすると、普段の暮らしで使える水ってどのくらいあるのか想像する。 「コップ1杯？」 「え～！目薬？」 教師が読み上げたことが本当かどうかを考え、TRUEだと思ったら挙手する。	理解 応用 分析 身近なペットボトルから、地球規模の水の量を推測する。 水の希少さに気づき、その大切さについて、クイズを通して考える。 英語の意味に集中し、理解し、考える。 クイズの内容について想像力を発揮して答える。	Class 協力して静かに、教師の作業に注目する。 ほかの児童と一緒に考え、発見する喜びを共有する。
ほかの児童と話し合い、クラス全体で意見を共有する。 Thank you, Mr./Ms .... See you!	評価 水について学んだこと、もっと知りたいこと、覚えた英語表現などをふりかえる。	Class お互いの考えを出し合い、しっかり聴き合うことで、さらに理解を深めたり、多くの気づきを得る。

＜解答＞

1) False, 約70%
2) True, 約35億年前
3) True, これが洪水を防ぐ力
4) False, 1週間しか生きられない
5) False, 変わらない。循環していて、限りがあるということ

3 時間目 「水について詩を書こう」

Content（学習内容） 社会、国語との統合学習

時間	Content （学習内容）	Communication （教師）
2分	挨拶	Hello, how are you? Let's start our English class!
5分	復習 絵カードで復習しよう	First, do you remember this? Where is water? Yes, it's in the river. ●水のありかの絵カードで、言葉を復習した後、ワークシートBを使い、ペアで訊き合うように言う。 Talk with your partner. 机間巡視して支援する。
10分	導入 国語（言語） 水をテーマにした詩をつくろう	●水についてたくさん学んできたので、みんなで水をテーマに詩を書いてみたいと伝え、ワークシートを配る。 Now we know a lot about water. So let's write a water poem. 「水の詩を書こう。」 What word does water remind you of? ●詩を書くヒントとなるよう、水から連想する言葉を引き出し、板書する。適宜英語表現も導入する。 Great! You have many different words. 「水のイメージが広がったね。」 Now please listen to my poem. Water, water, Blue and wide, Water, water, You are the ocean! ●②のポスターを見せ、内容を確認する。 ●机間巡視しながら、支援する。 児童の希望に応じて英語表現を導入する。

用意する教材・教具：①水のありかの絵カード、②ワークシート B、③サンプルの詩を大きく書いたポスター、④ワークシート C

ターゲットとなる英語表現（学習の言語）

　語彙：blue, wide, cold, warm, cool, clear, rain, river, sea, clouds, etc.

　表現：Water, water, you are ....

Communication （児童）	Cognition （思考）	Culture / Community （文化理解 / 協学）
Hello, Mr./Ms. .... I'm fine. Yes, let's!		英語でやりとりする。
River? It's in the river. Where is water? It's in 氷山. Ms. ..., what's 氷山 in English?	暗記 応用 学んだことを確認して、実際に使ってみる。	Class Pair 教師の支援のもとに、ほかの児童と協力して、やりとりをする。
水から連想する言葉を思いつくだけ発表し合いながら、ワークシートにメモする。 「rain、冷たい、流れる、池、きれい、ぬれる、小川、温泉！…」 教師がサンプルになる詩を読むのを聞く。 「ブルー、オーシャンは海…ワイド？ワイルド？」 ワークシートの下線部に自分の言葉を入れて詩をつくる（日本語でよい）。	理解 暗記 応用 教師の話を聞きながら、水について日本語と英語で学習したことを応用する。 創造 詩を題材として、ことばを模索し、言語について意識を深める。 ＜ワークシート C＞	Class クラス全体で、互いに知識やアイディアを補い合う。 また、そのことのよさや大切さを感じる。 Solo この時間は、それぞれが自分一人で静かに考えられるよう、お互いの取り組みを大切にする。

次ページへ ➡

63

3時間目 「水について詩を書こう」（社会、国語との統合学習）

前ページより ➡

時間	Content （学習内容）	Communication （教師）
5分	活動1 自分の詩を朗読する 練習をしよう	Are you finished? Good! Now let's practice reading. ●再度サンプルを繰り返させた後、自分の詩の朗読を練習するように促す。 適宜、支援する。 「今度は、隣の人に聞いてもらって練習しよう。」
23分	活動2 自分の詩を朗読しよ う	Ok, it's time for you to read your poem out loud. Are you ready? ●お互いが書いた言葉をしっかり聴き取れる態勢を整える。 Who can be the first? Please stand up and read your poem. Let's listen to ... san! ●一人ひとりの発表に声をかけ、みんなで拍手し、たたえ合うように促す。 Good/Excellent! Thank you. Let's give her/him a big hand!
	ふりかえり・まとめ	Thank you very much for all the wonderful poems. Now let's look back at the lesson. We know water is really precious for us. Let's save water. That's all for today. See you!

Communication （児童）	Cognition （思考）	Culture / Community （文化理解/協学）
Yes! Yes, let's! 後について、声を出す。 **Water, water,** （　　　）and（　　　）, **Water, water,** **You are**（　　　）!	応用 自分の詩を朗読する練習を通して、言語について、気づいたり考えたりする。	Solo 自分の詩の朗読を練習することで、詩を声に出して読むことの楽しさを感じ、言語感覚を磨く。 Pair ペアになり、相手に聞いてもらう。
Yes! （作品例） **Water, water,** Powder and beautiful, **Water, water,** **You are snow!** **Water, water,** いっぱいたまる **Water, water,** **You are** ダム！	応用 自分の詩を発表し、ほかの児童の詩を鑑賞することで、水についての理解を深める。 評価 一人ひとりの水に対する意識の違いや共通する考え方に気づく。	Class お互いの詩を静かに聴き、多様な詩を鑑賞することで、自分が表現したいことを伝え合うことの喜びを共有する。
感想や学べたことなどを共有する。 Yes, let's save water! Thank you. See you!	理解 応用 評価 詩を作り、聴いて味わったことで得た、多くの英語表現や日本語と英語の表現の違いについて気づきを共有する。	Solo Class お互いの自己表現に関心を持つとともに、水についても、さらに学び合い、大切にしようとする意識を持つ。

10 指導案をもとに実施した授業例と省察

① CLILはグローバル（国際理解）教育の内容によって、地球市民としての学びを促進する

　CLILが定義する「内容」は、学校の教科に限らず多様な内容を指しており、この授業案のように、国際理解教育の平和・人権・環境・異文化理解などの分野から選んだテーマを内容として導入することができます。「ビデオ・プロジェクト」（67ページ）は平和・環境教育、「世界の小学校」（99ページ）は異文化理解、「エネルギー」（83ページ）は、この「水」と同じ環境教育を目指したものと言えます。また、国際理解教育は、その学びのプロセスにおいて、Global Awareness（地球社会への認識）とSelf-awareness（自己尊重感）を高めることを大きなねらいとしています。このようなねらいのある内容がCLILの内容として導入されれば、異文化を越えてお互いを尊重し、人々と協調して持続可能な世界を創造する地球市民の育成に、CLILの特徴が最大限に活かされるのではないかと考えています。

② CLILはことばを使う自然なプロセスで外国語の習得を容易にし、積極的なコミュニケーションを促す

　児童の感想に、「楽しく遊んでいるみたいなのに、どうしてこんなにたくさんの英語が覚えられるのか不思議」とありました。授業では遊びのようなゲームは行っていないのですが、児童は「水」について、課題を考え意見を交わしたり、発見する活動を大変知的に楽しみ、新しい言葉を吸収していたのです。英語を覚えさせられているといった意識はありません。「自分の考えたことが言えるとても楽しい時間でした」と感想を書く児童もいます。最初は不安だった児童も、テーマの内容に好奇心を引き出されて楽しんでいるうちに、自然に発言が促され、英語への抵抗感がとても小さくなるようです。

③ CLILは思考活動や協学を活性化し、文化理解を深め、学習の動機付を高める

　協学の楽しさを感想に書く児童は数多くいますが、ほかにもテーマを持ったCLIL授業に特徴的な感想があります。「沼とか滝とか水蒸気など、もっともっと英語が知りたい」「自分で英語を調べたい」といった英語学習への意欲を表すもの、また「水だけじゃなく『森』のことなどさまざまなことが知りたい」といった新しいテーマ学習への関心を高めているもの、つまり英語と内容双方の学びへの動機付けが起きるのです。それだけではなく、「水を使う量を工夫して減らしていきたいです」「水を節約していたけど、今年はもっと節約したい」など、CLIL授業で環境教育をした意義をしっかりと受けとめています。こうして、児童を能動的な学習へ向かわせるCLIL授業は、クラスの学びの環境をも、よりよく変える可能性があるでしょう。

3

『福島県南相馬とトルコの子どもたちのビデオ交流プロジェクト』
Video Exchange Project between Turkey and Minami-soma in Fukushima

国語、社会、理科、図工と関連したCLIL授業

坂本ひとみ

背景

　この指導案は、福島県南相馬市の公立小学校において、小学5年生の1学年2クラス全員（約65名）を対象に、3学期に開始し、その児童が6年生となり卒業を迎えるまでの期間に6回の訪問授業をしながら行った外国語活動の授業をもとに作成しました。この地域は、2011年の東日本大震災で大きな被害を受け、福島第一原子力発電所の事故により県外に避難した児童も多かったのですが、時間の経過とともに戻ってくる児童が増加しています。トルコの子どもに向けて自分たちの学校生活やふるさとのよさを紹介することで、自己尊重感を高め、異文化に関心を持ち、英語は世界への扉と児童が感じられるように始めたプロジェクトです。

　交流したトルコの子どもたちは、同学年の私立学校の児童で、大震災後に東北の子どもたちを励ます英語の絵手紙を送ってくれました。この交流が始まったのは、彼らの英語教師がe-palsというウェブサイトで日本の英語教師とつながったことがきっかけでした。このサイトのメンバーになるのは無料で、簡単にできます。日本各地の小・中学校の教員もこのサイトを利用して、世界各国のパートナー校をみつけて交流を実践しています。

　このトルコの学校では、5年生が環境問題について英語で学ぶGreenglishというプロジェクトを推進しており、EUの言語教育賞を受賞しています。まさにCLIL授業で、放射能についても学んでおり、福島の子どもたちのことを心配していました。

　一方、南相馬市も大震災後、政府から「環境未来都市」の指定を受け、自然エネルギーの利用促進を図っており、この小学校の屋根にも太陽光パネルが設置されました。また、児童たちは校外学習として、南相馬ソーラー・アグリパークに出かけ、太陽光エネルギーについて学んでいたので、このビデオ交流プロジェクトのテーマを「環境」としました。ここには、交流を軸とした3時間の指導案のみを紹介していますが、エネルギーについて学びを深めた授業に関しては、83ページをご参照ください。

　この国際交流のためのCLIL指導案においては、英語学習のみでなく、地球的課題について、国語、社会、理科と関連させながら意味のある内容を深く学ぶことで、自分の考えを相手に伝える意欲を高めることもねらいとしています。

小学校外国語教育におけるCLIL授業
『福島県南相馬とトルコの子どもたちのビデオ交流プロジェクト』

1 指導者　　小学校学級担任、日本人英語指導者、ALT

2 対象学年　6年生

3 外国語活動と教科内容の関わりについて

本授業は、国語（時事問題の説明文「未来に生かす自然のエネルギー」、発表活動・6年次）、社会（世界の抱える問題・平和・環境・5、6年次）、理科（人と環境・6年次）、図工（創作活動・1〜6年次）で学習する内容を扱い、英語活動を行うので、科目内容と英語学習という二つの単元目標がある。

4 単元目標

［科目内容］

理科（人と環境）の問題に関心を持ち、国語（「未来に生かす自然のエネルギー」）の読み取りを深め、未来について考え、社会（世界の中の日本、日本とトルコの国際交流）に関する知識を体験的に学ぶ。図工の力を活かして、オリジナルで表現力豊かなポスターを作る。国語（「学校の良さを宣伝しよう・ふるさとの良さを紹介しよう」）での学びを活用して、平和環境宣言の発表に取り組む。

［英語学習］

- 他国の児童と交流するために、これまでに学習した簡単な語句や基本的な表現などを使って自己紹介をし、学校・ふるさとの良さを紹介する。（知識／技能）
- 国語・社会・理科などの教科内容を取り入れた活動のなかで、他国の児童に向けて地球環境に関するメッセージをポスターに書いたり、他者に伝える目的を持って、自分の考えを表現しようとする。（思考力、判断力、表現力等）
- 他者に配慮しながら、地球環境について伝え合おうとする。（学びに向かう力、人間性等）

5 単元評価規準

自国や外国の文化や地球環境問題に気づき、興味を持って聞いたり、考えたり、話したりすることができる。

6 学習言語材料

語彙：自己紹介

　　　交流のための表現

　　　学校やふるさとの良さを紹介するための語彙

　　　平和環境宣言ポスターに入れるスローガンに必要な語彙（history, save, take care of, the earth, go green, etc.）

表現：My name is .... Let's .... Save energy! etc.

7 配当時間と単元内容

1時間目　「トルコについて学ぼう！」（社会、理科との統合授業）

2時間目　「ビデオレターを作り、トルコに送ろう！」（国語との統合授業）

3時間目　「トルコに向けて平和環境宣言をしよう！」（国語、社会、理科、図工との統合授業）

8 CLILの4Csとの関連

時限 4Cs	1時間目	2時間目	3時間目
Content 内容	Let's learn about Turkey! トルコについて学ぼう！	Let's make a video letter and send it to Turkey! ビデオレターを作り、トルコに送ろう！	Let's make a poster to save the earth and present it to Turkey! トルコに向けて平和環境宣言をしよう！
	社会（世界のなかの日本、日本とトルコの国際交流、平和） 理科（人と環境）	国語（学校の良さ・ふるさとの良さを紹介しよう）	国語（時事問題の説明文） 社会（世界の未来と日本の役割） 理科（人と環境）
Communication 学習言語	[学習の言語] トルコと日本の比較 Which is larger, Turkey or Japan? 交流のための表現 We love Japan. 環境教育のメッセージ Save the earth!	[学習の言語] トルコ語の挨拶 Merhaba! 自己紹介 My name is ... ふるさとの紹介 This is .... / It has a long history.	[学習の言語] 平和環境宣言ポスターに入れる英語表現 Save energy! Let's go green! Let's take care of the earth! etc.
	[学習のための言語] Point to Turkey on the map. / Let's watch a video. etc.	[学習のための言語] What do you want to tell to the Turkish children about your school and hometown? etc.	[学習のための言語] Let's make a poster to save the earth and present it to Turkey! / Look at this picture book. etc.
	[学習を通しての言語] トルコや環境問題についての未習の英語表現	[学習を通しての言語] 自分が伝えたい学校やふるさとについての未習の英語表現	[学習を通しての言語] 自分が考えた平和環境宣言に使う未習の英語表現
Cognition 思考活動	[推測] [理解] [比較] [評価] 未知の国トルコについて想像し、トルコの子どもたちのメッセージを理解し、彼らの英語環境教育について評価する。	[理解] [記憶] [活用] [表現] 国語で学んだ学校やふるさとの良さを紹介する方法を応用し、英語で表現する。	[記憶] [活用] [表現] [創造] これまで学んだ知識を活用して平和環境宣言を考え、ポスターを作成し、自分なりに表現する。
Culture 文化・国際理解 / Community 協学	[Group] トルコという異文化について学ぶ。 トルコクイズに答える。	[Group] トルコに向けての発表に取り組む。	トルコの英語環境フェスティバルにポスターとビデオで参加する。

9 授業展開

1 時間目 「トルコについて学ぼう！」Let's learn about Turkey!

Content（学習内容） 社会、理科との統合学習

時間	Content （学習内容）	Communication （教師）
2分	挨拶	Hello, everyone! How are you?
5分	導入 ＊教材1 PPT：トルコの国旗 ＊教材2 PPT：トルコアイスとケバブの写真	パワーポイント（PPT）でトルコの国旗を示して尋ねる。 What country is this? That's right. Turkey! What do you know about Turkey? You know well! I also love Turkish ice cream and kebab. They are delicious.
10分	活動1 グループ対抗のトルコクイズ 社会 世界の中の日本・日本とつながりの深い国 ＊教材3 PPT：トルコクイズ、児童の手元にグループごとに置かれた配布資料のセット、ABCカードセット	Let's enjoy the Turkey quiz! No.1 Where is Turkey? Point to Turkey on the world map! No.2 **Which is larger, Turkey or Japan?** If you think Turkey is larger, raise card A. If you think Japan is larger, raise card B. The right answer is Turkey. It is twice as big as Japan. 「トルコの面積は日本の2倍です。」この他、3択のクイズもいくつか出す。 Which sport is the most popular in Turkey? A. Basketball B. Soccer C. Baseball The answer is B. Which groups got the right answer?

70

用意する教材・教具：教師：グループごとに配る資料のセット（世界地図の入ったトルコクイズ、トルコの子どもたちの写真、トルコの子どもたちからの絵手紙や環境ポスターのコピー）・ビデオ（トルコの子どもたちのインタビューと英語環境フェスティバルを撮影したもの）・クイズに答えるときにあげる ABC カードのセット（グループ数に合わせて）・パワーポイント
　　　　　　　　　児童：筆記用具

ターゲットとなる英語表現（学習の言語）

　語彙：Turkey, Japan, larger, popular, basketball, baseball, soccer, capital, etc.

　表現：Which is larger, Turkey or Japan? We love Japan. Save the earth!

Communication （児童）	Cognition （思考）	Culture / Community （文化理解／協学）
Hello, ... sensei. I'm	理解 （話を聞く） 意欲を喚起する	Class
教師の話を聞き、理解しようとする。 トルコ！ Turkey!（リピート） のびるアイス！／ケバブ！ 児童からトルコについて知っていることをたくさん引き出す。	推測 記憶 理解 トルコについて興味を持ち、教師の英語を聞きながら理解しようとする。既知のことを発話する。	Class クラスのほかの児童と一緒に考えながら、英語の意味を理解する。
Yes, let's! Here! Turkey! Japan! トルコクイズをやっているうちに、トルコについての想像力が増してくるように導く。クイズの答えをグループごとに考えるので、間違うことへの不安が減り、答える積極性が生じる。 A! B! C! We did!	推測 比較 理解 クイズに答えながら、英語の聞き取り、トルコに関する英語表現を理解し、トルコについて考える。	Group Class 自分の考えとほかの児童との違いに気づく。

次ページへ ➡

71

1時間目 「トルコについて学ぼう！」Let's learn about Turkey!

前ページより ➡

時間	Content （学習内容）	Communication （教師）
		Next question. Which is the **capital** of Turkey? Tokyo is the **capital** of Japan. London is the **capital** of the U.K. Washington, D.C. is the **capital** of the U.S.A. Which is the capital of Turkey? **A.** Istanbul **B.** Ankara **C.** Cappadocia Many of you think Istanbul is the answer. Istanbul is the biggest city in Turkey, but Ankara is the **capital**. So, B is the right answer.
28分	活動2 トルコの子どもたちの写真と絵手紙、環境ポスター、ビデオを見せる ＊教材4 PPT、ビデオ・生徒の手元にグループごとに置かれた資料	Let's look at the photos of Turkish children. How old do you think they are? They are as old as you. Look at the next picture. Can you read the message? It says, "**We love Japan.**" Can you read this message? It says, "**We are with you.**" Let's watch a video of the Turkish children. What can you hear? Let's learn their message. "**Save the earth!**"
	ふりかえり・まとめ	何人かの児童に今日の授業の感想を発表してもらう。 You did an excellent job!

指導上の留意点

1. 導入のところで、児童からトルコについて知っていることをたくさん引き出す。

2. トルコクイズをやっているうちに、トルコについての想像力が増してくるように導く。クイズの答えをグループごとに考えるので、間違うことへの不安が減り、答える積極性が生じる。

3. トルコの子どもも英語母語話者ではないが、英語を一生懸命学んでいること、英語を使うことで世界の人と心を通わすことができるという実感を児童に持ってもらうことをめざす。

4. トルコの子どもたちが英語で環境問題を学んでいることの意義を児童に考えさせる。

Communication （児童）	Cognition （思考）	Culture / Community （文化理解 / 協学）
Capital? 「ああ、首都のことかな。」 A! B! C! 「アンカラが首都なんだ。」		
「12？」「13？」 「12」 We love Japan. We are with you. 「*origami* って言ってたのが聞こえた！」 Save the earth!	推測 理解 理解 理解 理解 理解	Class Group グループごとに置かれたトルコの子どもたちの写真やポスターを見ながら英語を言い、クラス全体でもシェアする。 Class Solo
感想や学べたことなどを共有する。 「トルコの子どもたちがにこやかに英語を話し、英語で環境を学んでいることは素晴らしいと思った。」 Thank you, Mr./Ms. .... See you!	総合 評価 トルコについて学んだことをふりかえる。	Class Solo 自分の考えとほかの児童の考えを比較する。

2 時間目 「ビデオレターを作り、トルコに送ろう！」
Let's make a video letter and send it to Turkey!

Content（学習内容） 国語との統合授業

時間	Content （学習内容）	Communication （教師）
2分	挨拶	Hello, everyone. How are you?
3分	前時の復習 ＊教材1 前時に見せたトルコの子どもからの絵手紙	Let's review the last lesson. 前時に見せたトルコの子どもの絵手紙にどのようなメッセージがあったか児童に尋ね復習する。 Good! We can say to them, "We love Turkey!" Let's make a video letter for the Turkish children!
13分	活動1 ＊教材2 ワークシート	What do you want to tell to the Turkish children about your school and hometown? 国語で習った「学校の良さ・ふるさとの良さを紹介しよう！」の単元を活かして、トルコの児童にビデオレターで伝えたいことを日本語でワークシートに書くよう指示。教師は見て回り、声をかける。 Good! I like your ideas! Yes, our horse festival has a long history.
27分	活動2 グループごとの発表準備	同じものを紹介しようと考えた児童をグループにし、ALTやJTEにも協力してもらい、児童が英語で発表する準備を手伝う。以下のひな型を見本とすることを伝える。 ①最初に全員でトルコ語の挨拶 "Merhaba!" を言う. ②各児童が自分の名前を言う。 ③一人一文ずつ発表する。 ④全員で "Thank you!" と言う。

> 用意する教材・教具：教師：トルコの子どもからの絵手紙、ワークシート、ビデオカメラ
> 　　　　　　　　　児童：show & tell で見せるもの
>
> **ターゲットとなる英語表現（学習の言語）**
> 　語彙：Merhaba（トルコ語の挨拶），各グループ発表に必要な語彙
> 　表現：My name is 〜 . This is 〜 . It has a long history.

Communication (児童)	Cognition (思考)	Culture / Community (文化理解/協学)
Hello, ... sensei. I'm	理解 (話を聞く) 意欲を喚起する	Class
We love Japan! / We are with you! We love Turkey! Yes, let's!	記憶 理解 トルコの子どもの英語メッセージを思い出して復習する。	Class
トルコの子どもに伝えたいことを考え、日本語でワークシートに書く。 「習字でトルコと日本と書いて見せる！」 「南相馬ソーラー・アグリパークのことを写真を見せて伝えたい！」 「相馬の野馬追のことを写真を見せながら伝えたい！」	活用 トルコの子どもたちに伝えたいことを考え、日本語でワークシートに書く。	Solo まずはひとりで伝えたいものを考えてみる。
	理解 活用 表現 グループごとに、担任教師、ALTやJTEに手伝ってもらいながら、英語で発表する準備をする。	Group

「ビデオレターを作り、トルコに送ろう！」Let's make a video letter and send it to Turkey!

時間	Content (学習内容)	Communication (教師)
	活動2	担任教師、ALT、JTEは机間指導をする。グループごとの発表準備をほめて支援する。
	ふりかえり・まとめ	Let's look back at today's lesson. How was that? 児童の活動を褒め、ビデオ撮影までに発表の準備や練習をするよう促す。 You did an excellent job! Please prepare for taking the video! That's all for today. See you, everyone!

指導上の留意点

1. トルコ語の挨拶も入れるのは、世界のことばが英語だけではないことを児童たちにわからせるためであり、*Hi, friends! 1* の最初の単元「世界のいろいろなことばであいさつしよう」にも沿っている。
2. グループ内の全児童が自信を持って笑顔で英語を言えるように留意する。

Communication （児童）	Cognition （思考）	Culture / Community （文化理解 / 協学）
グループ① **Merhaba! My name is ～. My name is ～.** **This is** Japanese calligraphy. We will show you how to write Turkey and Japan. 書道で「トルコ」「日本」と書く。 Thank you!" グループ② **Merhaba! My name is ～ . My name is ～ . My name is ～.** **This is** our horse festival.（野馬追の写真を見せながら） It has a long history. We enjoy it in the summer. Thank you!" グループ③ **Merhaba! My name is ～ . My name is ～ . My name is ～.** **This is** our local food *shimiten*.（実物を示し、食べてみせる。） It's delicious! I recommend it! Thank you!" グループ内の全児童が自信を持って笑顔で英語を言えるように留意する。	理解 活用 表現	Group Solo Group
感想や学べたことなどを共有する。 「グループの友達とメッセージを考えたのが楽しかった。」。 Thank you, Mr./Ms. .... See you!	総合 評価 今時の学びをふりかえる。	Class Solo 自分の考えとほかの児童の考えを比較する。

3 時間目 「トルコに向けて平和環境宣言をしよう！」

Let's make a poster to save the earth and present it to Turkey!

Content（学習内容） 国語、社会、理科、図工との統合学習

時間	Content （学習内容）	Communication （教師）
2分	挨拶	Hello, everyone. How are you?
3分	1時間目の復習 ＊教材1 トルコの児童が作った環境ポスター	1時間目の授業で見せたトルコの児童の「英語環境フェスティバル」で使われていた環境ポスターの英語表現を復習する。 What's this? What is the message? 地球市民として、環境を守る宣言を英語で発することの意義を児童が感じられるよう留意する。
5分	活動1 トルコの児童に伝えたい平和環境宣言を考える。	Let's make a poster to save the earth and present it to Turkey! What message do you want to give? **Save energy!** **Let's go green!** **Let's take care of the earth!** 自信を持って英語で発表するには、ぜひともこのメッセージを伝えたいという熱意や必要性を感じていることが大事であり、理科や社会の授業で環境の学びを深めることも重要である。
5分	活動2 絵本 Let's Take Care of the Earth の読み聞かせ。	Look at this picture book. Its title is *Let's Take Care of the Earth*. Let's read it together. "The **forest**, the **forest** is **home** to a **bear**. Let's take care of the **forest**. The **ocean**, the **ocean** is home to a **whale**. Let's take care of the **ocean**. The earth, the earth is **home** to us all. **Let's take care of the earth!**" How did you feel? Did you like the pictures? Good!

78

| 用意する教材・教具 | 教師：トルコの児童が作成した環境ポスター、画用紙、絵本 Let's Take Care of the Earth |
| 児童：絵具、色鉛筆、クレヨン、折り紙、はさみ、のり |

ターゲットとなる英語表現（学習の言語）
　語彙：forest, bear, ocean, whale, home, etc.
　表現：Save energy! Let's go green! Let's take care of the earth! etc.

Communication （児童）	Cognition （思考）	Culture / Community （文化理解/協学）
Hello, ... sensei. I'm	[理解]（話を聞く） 意欲を喚起する	[Class]
教師の質問に日本語、英語で答える。 「トルコの子どものポスター！」 Save the earth!	[理解] [記憶] 1時間目で学んだことを思い出そうとする。	[Class]
Yes, let's! 「エネルギーを大切に！」 「環境にいい暮らしをしよう！」 「地球を大切に！」	[活用] [表現] 一つ一つのメッセージを考えながら、自分が最も伝えたいメッセージを選ぶ。	[Class] [Solo] 自分の考えと他の児童との違いに気づく
	[理解] 絵本を見ながら英語を聞いて理解しようとする。	[Class]

3時間目 「トルコに向けて平和環境宣言をしよう！」Let's make a poster to save the earth and present it to Turkey!

前ページより ➡

時間	Content （学習内容）	Communication （教師）
30分	活動3 トルコの英語環境フェスティバルに送る平和環境宣言ポスター作成	画用紙を配り、地球環境を守るための宣言を英語で書き入れたポスターを児童各人が作成することを伝える。 Let's make a poster to save the earth and present it to Turkey! 児童のアイディアを聞き、その英語表現の支援をALTやJTEとともにする。 児童が創作活動を行っている間、教師は英語で話しかけ、児童と英語でやりとりする。
	ふりかえり・まとめ	Let's look back at today's lesson and the Turkey project. How did you like this project? 児童をほめ、各人がポスターを見せて発表するビデオ撮影があるので練習しておくよう伝える。トルコにはポスターとビデオの両方を送り、英語環境フェスティバルでトルコの子どもに見てもらうことを伝える。 I like your posters. You did an excellent job! Please practice to make a good presentation for taking the video.

指導上の留意点

1. 児童が創作活動を行っている間、教師は英語で話しかけ、児童と英語でやりとりをする。

2. 地球市民として環境を守る宣言を英語で発することの意義を児童が感じられるよう留意する。

3. 自信を持って英語で発表するには、ぜひともこのメッセージを伝えたいという熱意や必要性を感じていることが大事であり、そのためには環境の学びを深めることも重要である。これに関しては、理科の教科内容をふまえた「エネルギー」の授業案（83ページ）を参照していただきたい。

Communication （児童）	Cognition （思考）	Culture / Community （文化理解 / 協学）
環境を守るためのスローガンを英語で考え、ポスターをデザインして作成する。 Stop global warming! Save energy! Reduce, reuse, and recycle! Let's go green! Let's take care of the earth!	活用 表現 創造	Solo
感想や学べたことなどを共有する。 「ポスターを作るのは楽しかった」 「トルコも日本も同じ環境問題を抱えている」 Thank you, Mr./Ms. .... Good-bye!	総合 評価 今時の学びをふりかえる。	Class Solo 自分の考えとほかの児童の考えを比較する。

10 指導案をもとに実施した授業例と省察

① CLILはグローバル教育に最適であり、地球市民としての学びを促進する

このCLIL授業は、英語を母語としないトルコの児童と交流し、地球環境問題についてともに考え、英語がグローバル・ランゲージであることを体験するという目標を設定し、1年間を通して続けたプロジェクトでした。CLIL授業の合間に「総合的な学習の時間」を使って担任教員がトルコについての調べ学習やこの交流事業に関連した各教科における学習を進め、6年生児童が徐々に異文化や地球環境問題について学びを深める過程を見て取ることができました。ふだんの外国語活動との違いについて、「いつもの授業は遊び感覚でできるけど、この授業は平和や環境と英語がまざった授業で、いい経験だと思います」という児童の感想がありました。地球市民としてのメッセージを発するときに必要な言葉が英語であるということを書いた児童もいました。

② CLILは外国語使用不安を克服し、積極的なコミュニケーションを促す

児童のふりかえりシートを分析すると、最初はトルコや外国の文化についての興味は増しても、英語でコミュニケーションすることについて自信を持てる児童の割合がなかなか増えませんでした。そこで、「自分が伝えようとするメッセージの重要性や必要性」を感じるよう、授業内容を変えたところ、英語でのコミュニケーションに対する自信もついてきました。英語ができれば、「世界共通の英語で平和を呼びかけることができる」「地球温暖化を止めるように外国の人に呼びかけることができる」という考えに至り、フィードバックコメントに、"Let's take care of the earth." や "Let's go green!" と英語を書く児童も現れました。自分が発しようと思うメッセージの重要性に思いが至れば、多少の外国語使用不安は克服できる可能性を感じました。

③ CLILは思考活動や協学を活性化し、文化理解を深め、学習の動機付けを高める

このCLIL授業では、国語の「ふるさとの良さ・学校の良さを紹介しよう」という単元を活かして自己尊重感を高め、自分の町の文化に誇りを持ち、英語を使ったコミュニケーションによってトルコという異文化の児童と交流し、英語が世界への扉であることを体験することが重要なファースト・ステップとなっています。まずはグループでトルコの児童に伝えたいことを考え、ともに練習を重ね、発表したビデオがトルコの児童から評価され感謝されたことで達成感を感じ、次のステップに進む意欲を高めました。最後のポスター作成と発表は個人の活動となり、小学校卒業を目前に自信をつけ、これからも自分の住む地域に貢献し、地球的課題を世界の人とともに考え、よりよい未来を築くために生涯学び続けることの意義を実感してもらえたと思います。

『エネルギー（ソーラーパワー）』Energy（Solar Power）

理科［主に］、図工、音楽、国語、算数、社会と関連したCLIL授業

滝沢麻由美

背景

　ここで紹介する『エネルギー（ソーラーパワー）— Energy（Solar Power）』は、CLIL授業として、東京都のある公立小学校の1年生から4年生の総合的な学習で取り入れられ、5年生と福島県南相馬市立小学校の6年生には外国語活動で実践されました。本指導案はこの一部を改善したものです。南相馬では、6年生を対象に実施した「トルコとの交流プロジェクト」がテーマの授業（第3章）の一部ですが、この2校の5、6年生の通常の外国語活動は、ALTが主体でクラス担任教員とのティームティーチング（TT）が行われるごく一般的な小学校です。

　この授業案作成のきっかけは、2011年3月11日に起こった東日本大震災です。筆者自身がボランティア活動で数回被災地を訪れ、福島の子どもたちのためのキャンプに参加するなかで南相馬市の現状を垣間見ました。自然エネルギー体験施設「南相馬ソーラー・アグリパーク」を見学した折には、地元の復興と次世代を担う子どもたちの成長への深い思いと願いを知りました。これらのことから、まだ原発事故の影響が残る被災地で、自然エネルギーの勉強をしている子どもたちのことを同年代の（特に福島からたくさんの電力が送られていた東京の）子どもたちに知って欲しいと考え、理科の内容と統合した「エネルギー」をテーマにCLIL授業を展開しています。

　指導案の構成は、1時間目では、理科で既習の太陽光に関する内容の発展活動（実験）を行います。2時間目では、南相馬ソーラー・アグリパークのビデオを見て、福島の子どもたちの学びの様子を知り、太陽光発電によるエネルギーの使い方について考えを出し合い、発表するという活動をします。3時間目は、日本や世界のエネルギー事情や、化石エネルギー、再生可能エネルギーについて考えます。ここは南相馬市の小学校では、パークでの体験学習と直接連携した発展活動となりました。

　この授業のねらいは、震災をきっかけにエネルギーについて英語で学ぶことを通し、将来自分たちも他の国の人たちと地球規模でエネルギーについてともに考えていくのだ、という児童の気づきにつなげることです。もちろん国内でも福島だけでなく日本中のあちこちで現在も、そしてこれからも長く続く解決しなければならない大きな問題です。ここで紹介する指導案をもとに、それぞれの状況でCLIL授業を展開することによって、未来に向かう児童が、英語をリアルでより意味のある文脈で理解し、そのやり取りのなかで使うことによって、さらに意欲を持って学習に取り組む一助となるよう願っています。

小学校外国語教育におけるCLIL授業　『エネルギー（ソーラーパワー）』

1 指導者　　小学校学級担任、日本人英語指導者、ALT

2 対象学年　4、5年生（2時間目まで）、6年生（3時間目まで）

3 外国語活動と教科内容の関わりについて

　本授業は、理科「エネルギー」（3〜6年）、「人と環境」（6年）の内容を主に扱い、音楽（英語の歌）、図工（創作）、国語（発表）、算数「グラフ」、社会「日本と世界のつながり」（6年）などと関連させて、内容と言語の統合を図っている。

4 単元目標

［科目内容］

　理科：「エネルギー」では、まず主に太陽光を通してエネルギーを身近なものとしてとらえる。また、太陽光発電に加え、他の発電の種類や日本と世界のエネルギー事情について理解し、再生可能エネルギーの大切さに興味・関心を示す。

　音楽・図工・国語・算数・社会：その他の教科の要素を加え、多様な学びの場を提供する。

［英語学習］

- 太陽光の実験や発電・エネルギーの種類、エネルギー事情や国名について理解しながら、聞いたり言ったり伝え合ったりすることができる。また部分的に、読んだり書いたりできる。（知識／技能）
- 創作や発表のために考えたり、実際の実験や映像、図表を見て、描写・推測・分類・評価などをする。（思考力、判断力、表現力等）
- クラス内での協同学習や、地域や国の違いの中で他者を配慮し、学習内容に興味・関心を持ちながら協力的・積極的に学ぼうとする。（学びに向かう力、人間性等）

5 単元評価規準

- エネルギーに関する単語や表現について理解し、聞いたり言ったりできる。
- 太陽光エネルギーの利用についての創作と発表や、エネルギーについての実験や映像、図表に関する思考や判断を通して、英語で表現し伝え合おうとしている。
- 他者を配慮し、エネルギー問題の大切さに興味・関心を持ちながら学習している。

6 学習言語材料

　語彙：寒暖（hot, cold, etc.）、数（〜100）、エネルギー（solar power, electricity, oil, natural/renewable/non-renewable energy, etc.）、動詞（collect, burn, want, have, etc.）、国名（China, the U.S., India, Russia, etc.）

　表現：実験で使う表現：Can you ...? – Yes, I can. / No, I can't.
　　　　太陽光エネルギーの利用についての表現：What do you want to do? – I want to do this!
　　　　エネルギー分類の表現：How many ...? / What do you have? – We have .... etc.

7 配当時間と単元内容

　1時間目　「太陽の光のパワーを確かめよう」（理科、音楽との統合授業）

　2時間目　「太陽光エネルギーの利用方法を考え、発表しよう」（理科、図工、国語との統合授業）

　3時間目　「日本と世界のエネルギー事情を学ぼう」（理科、算数、社会との統合授業）

8 CLILの4Csとの関連

4Cs ＼ 時限	1時間目	2時間目	3時間目
Content 内容	Let's find out about solar power! 太陽の光のパワーを確かめよう！	Let's give a presentation about solar energy! 太陽光エネルギーの利用方法を考え、発表しよう！	Let's learn about electricity and energy in Japan and the world! 日本と世界のエネルギー事情を学ぼう！
	理科（光で遊ぼう） 音楽（*This Pretty Planet*）	理科（電気のはたらき） 図工（創作） 国語（発表）	理科（電気の利用）（人と環境） 社会（日本と世界のつながり）
Communication 学習言語	学習の言語 寒暖 hot, warm, cool, cold 数 numbers（11 〜 50） 実験 sunlight, magnifying glass, collect, burn Can you ...? — Yes, I can. / No, I can't. 学習のための言語 Touch the ground. What is the temperature? High / Low? 学習を通しての言語 寒暖や実験でのやりとりのなかで気づく英語表現	学習の言語 ソーラー・アグリパーク solar power, electricity, etc. 太陽光エネルギー What do you want to do with solar power? — I want to do this! 学習のための言語 What can you do in this park? — I can .... 発表 in a clear voice, eye contact, good posture, smile 学習を通しての言語 パークでの活動や発表のなかで気づく英語表現	学習の言語 エネルギーに関する語 wind power, oil, fossil, renewable energy etc. エネルギーの分類 How many energy groups do you have? — We have .... 国名 China, Russia, etc. 学習のための言語 What can we use to make electricity? 学習を通しての言語 エネルギー関連の学習で気づく英語表現
Cognition 思考活動	記憶 理解 応用 分析 日なたと日かげを比べる。虫めがねの実験で予想し、結果を発表、分析、考察する。	記憶 理解 応用 評価 創造 太陽光エネルギーを使ってどんなことがしたいか考え発表し、互いに評価する。	記憶 理解 応用 分析 評価 一次エネルギーの種類を知り分類し、その理由を考える。再生可能エネルギーの大切さに気づく。
Culture 文化・国際理解 / **Community** 協学	Group 予想を立て、協力して実験を行う。 Class 地球を大切にする内容の英語の歌の意味を理解し、その内容や子ども達に関心を持つ。	Class 福島の体験施設での活動を学ぶ。その背景を理解する。 Solo → Class 自分のアイディアを考え、クラスで発表する。	Group → Class エネルギーの分類作業をし、クラスでシェアする。 Class 日本と世界のつながり、ともに環境について考えていく大切さに気づく。

9 授業展開

1 時間目 「太陽の光のパワーを確かめよう」

Content（学習内容） 理科、音楽との統合学習

時間	Content （学習内容）	Communication （教師）
2分	挨拶	Hello, how are you? Today, let's learn about solar power!
10分	導入 天気が良い日に校庭に出て、太陽の光の熱を感じよう！ 教材 温度計、3年生理科教科書	Look at this. Do you remember this experiment? 「この実験をおぼえているかな？」 ●理科の教科書を見せながら Now, let's go outside! Touch the ground in the sun / shade. How does it feel? **Hot or warm? Cool or cold?** ●あらかじめ日なたと日かげに温度計を置いておく。 What is the temperature in the sun / shade?（数字11〜50を提示） Is the temperature in the sun / shade **high or low?**
20分	活動1 虫めがねで太陽の光を集め、どの色画用紙が焦げるか予想を立て、実験してみよう！ 教材 虫めがね、色画用紙シート（虹の7色＋白と黒）、ワークシート①	What's this? Yes. It is a **magnifying glass.** ●理科の教科書を見せながら **Can you collect sunlight with a magnifying glass?** **Can you burn paper with a magnifying glass?** What color is the paper? How about red? Do you want to try red or yellow? Now, work in groups. ●色画用紙シート9色と虫めがねをグループに配布。 Here you are. Let's think! Write your answers on your worksheet. 「まず結果を予測して記入しましょう。」 **Can you burn (red) paper?** Yes or No? Share your ideas in groups. Now, let's do it! Let's go outside!

86

用意する教材・教具：温度計、虫めがね、色画用紙シート、3年生理科教科書、ワークシート①、♪*This Pretty Planet*（日英歌詞・ピクチャーカード）、筆記用具

ターゲットとなる英語表現（学習の言語）

語彙：hot, warm, cool, cold, numbers（11~50）, high, low, sunlight, magnifying glass, colors, collect, burn, ♪*This Pretty Planet*

表現：Can you ... ? － Yes, I can. / No, I can't.

Communication （児童）	Cognition （思考）	Culture / Community （文化理解/協学）
Hello, Mr./Ms. .... I'm fine. OK!	理解 （話を聞く） 意欲を喚起する。	
「あ、おぼえてる！」 「やった〜！」 （手で地面に触れる）OK! **Hot / Warm / Cool / Cold!** It is **25**.（温度計を読む） **High / Low!**	記憶 理解 教師の英語を聞き、実際に太陽光を体感しながら意味を理解する。 応用 教師とやり取りしながら数字を言ったり、日なたと日かげを比較する。	Class 互いのやり取りから、太陽に関する英語を理解し一緒に使う。
「虫めがね！」 It is a **magnifying glass**. （虫めがねのページを確認して） 「できる、できる！」Yes, I can. 「やったよ！」Yes, I can! **Black!** 「赤？イエス！」「え、どうかな？」 「やるの？やりたい！」Yes, I do! OK!（グループで始める） Thank you! All right!（ワークシートにある色の英語のスペルを見ながら答えを記入） Yes, I can. / No, I can't. Yes, let's!（一緒に外に出る）	記憶 理解 理科での既習内容を思い出しながら、教師の英語を理解する。 応用 質問に対して簡単な英語でやり取りをする。 分析 実験の結果を予測する。	Class 教師の質問に、みんなでやり取りをする。 Group グループで話し合った後、1人が1、2色を担当し実験する。

1 時間目 「太陽の光のパワーを確かめよう」(理科、音楽との統合学習)

前ページより ➡

時間	Content (学習内容)	Communication (教師)
10分	活動2 教室に戻り、結果を シェアする。	Time is up! Go back to the classroom. First, please report your results in your group. 「まずグループで結果を報告してください。」 Next, share your group's results with the class. 「次にグループの結果を教えてください。その色の担当の人が答えてください。」 Group 1, **can you burn (red) paper with a magnifying glass?** ●全グループの結果を板書する。
3分	簡単にまとめる。(日本語)	What can you find out? Say it in Japanese. 「どんなことがわかるかな？日本語でOKです。」 ●ここからは担任が、理科の内容から言えることを引き出しながらまとめる。何人かにあてる。 What else?「他には？」
	ふりかえり・ 終わりの挨拶	Now, let's listen to ♪ *This Pretty Planet.* This song is about "Love our Earth". 「この歌は、自分たちの地球を大切にする気持ちを歌っています。太陽も出てきますよ。」 Let's look back at today's lesson. How was it? 児童の活動を褒めて終わる。 You did a wonderful job! That's all for today. See you, everyone!

指導上の留意点

1. 虫めがねは1人1つ用意し、色画用紙のシートは9色1セットで各グループに配布。

2. 虫めがねの取り扱いについてよく注意する(直接、太陽を見ないこと等)。

3. ♪ *This Pretty Planet* (Tom Chapin & John Forster, 1988) はYouTubeで視聴可。継続的に聴いたり歌ったりする機会を作るとよい。

   https://www.youtube.com/watch?v=bWXJck2Y2OY (歌詞)

   https://www.youtube.com/watch?v=tDE75e2hIJg (ジェスチャー付き)

Communication （児童）	Cognition （思考）	Culture / Community （文化理解／協学）
OK! All right! （グループで）「どうだった？」 **Can you burn (red) paper?** etc. お互いに訊き合いながら、シートに記入する。 **Yes, I can. / No, I can't** （全グループ続ける）	分析 実験の結果を共有する。	Group グループで協力して結果を まとめる。 Class 各グループの結果をお互い によく聞き合う。
Let me try! 「えっと…全体的に、濃い色の方がよく燃えて いると思います。」 「同じ色でも結果がちがうのがあるのはなぜだ ろう？」など	分析 全部の結果から、どんなこ とが言えるか考える。	Class いろいろな考えがあり得る ことを知る。
初回は歌詞カード（と映像）を見ながら、聞く だけにする。 感想や学べたことなどを共有する。 Thank you, Mr./Ms. .... Good-bye!	評価 太陽光について学んだこと をふりかえる。	Class 自分の考えとほかの児童の 考えを比較する。

Sunlight & Magnifying glass

Worksheet ①

Date _____ Class _____ Name _____

Q.1 Can you collect sunlight with a magnifying glass?
虫めがねで太陽の光をあつめることができますか。

　　　・Yes, I can. (^^)/　　　　　　　・No, I can't. (><)

Q.2 Can you burn paper with a magnifying glass?
虫めがねで紙をこがすことができますか。

　　　・Yes, I can. (^^)/　　　　　　　・No, I can't. (><)

Q.3 What colors?
何色ですか？　グループで話し合いながら、自分の予想を記入しましょう！　その後、実験で確かめましょう！

　　・(^^)/ (こげる)　　　　　　　　・(><) (こげない)

(red 赤 / orange オレンジ / yellow 黄 / green 緑 / blue 青 / indigo あい色 / violet むらさき / black 黒 / white 白)

＜ワークシート①＞

2 時間目 「太陽光エネルギーの利用方法を考え、発表しよう」

Content（学習内容） 理科、図工、国語との統合学習

時間	Content （学習内容）	Communication （教師）
2分	挨拶	Hello, how are you? Today, let's learn about solar power and electricity!
5分	導入 ソーラーパワーで電気を作ることができ、物が動くことを思い出そう！ 教材 ソーラーカー、太陽電池等、4年理科教科書	●以前、理科の授業で学習/作成したソーラーカーを見せながら、 What's this? Yes, it's a solar car. And, it's a solar panel. Can you move the car?（手で動かしながら） With gasoline? Yes. With solar power. ●太陽電池を見せながら、 What's this? ●さらに教科書に載っていた光電池を使っているものの写真や実物を見せながら、 That's right! What's this? Very good! They can work with solar power.
15分	活動1 福島の自然エネルギー体験施設でどんな仕事体験ができるか知ろう！ 教材 ビデオ視聴	Let's watch a video about **natural energy and electricity**. **Natural energy**, in Japanese? And how about **electricity**? That's right! Let's say **natural energy and electricity**.（×2） （発音に注意する）Good job! This title is "南相馬ソーラー・アグリパーク体験学習". （児童が体験しているビデオを見ながら、語句を導入していく） What is this? – **Solar panel, solar car, electric fan, plant factory, lettuce**. **What can you do in this park?** Say "**I can check solar panels / move a car**", etc. 「ここではどんなことができるかな？」 That's right! You can learn about **natural energy and electricity**!

用意する教材・教具：ソーラーカー（キット工作）、光電池、インターネット動画視聴PC設備、ワークシート②、
4年生理科教科書、色鉛筆

ターゲットとなる英語表現（学習の言語）

語彙：check solar panels, move a solar car and an electric fan, grow vegetables, make a sandwich, learn about natural energy and electricity

表現：What can you do in this park? – I can .... What do you want to do with solar power? – I want to do this!
発表するときのことば

Communication （児童）	Cognition （思考）	Culture / Community （文化理解／協学）
Hello, Mr./Ms. .... I'm fine. OK!	理解 （話を聞く） 意欲を喚起する。	
「あ、ソーラーカー！前に作った！」 It's a **solar car / panel**. Yes, I can. No!「ソーラーパワー！」 **With solar power**. It's a **solar battery**. It is a clock / calculator / traffic sign. Yes, **with solar power!**	理解 教師とやりとりしながら、ソーラーカー、光電池、光電池を利用したものなどを理解し、興味関心を広げる。 応用 英語の質問と目の前のものを結びつけようとする。	Class 教師の英語を聞きながら、みんなでやり取りし、太陽光がどのように生活のなかで利用されているかについての理解を共有する。
「ナチュラルは自然？」「電気かなあ？」 natural energy / electricity（×2） （ビデオを見ながら言っていく） **solar panel, solar car, electric fan, plant factory, lettuce** 「いろいろできるね」 **check solar panels / move a car, etc.** 「自然エネルギーの発電方法とその電気がどんなことに使えるかを体験できる！」 **Natural energy and electricity!**	記憶 理解 ビデオを見ながら、教師の英語を聞き取り、このパークに関する英語表現を理解し、電気について考える。	Class みんなで一緒に英語と内容を理解する。福島の子ども達の自然エネルギー体験学習に興味・関心を持つ。 2011年の大震災の時に、ここでどのようなことが起こったか、またその後、福島の子どもたちが、このパークで自然エネルギーと電気について学んでいることにぜひ触れたい。

次ページへ ➡

91

2時間目 「太陽光エネルギーの利用方法を考え、発表しよう」（理科、図工、国語との統合学習）

前ページより ➡

時間	Content （学習内容）	Communication （教師）
10分	活動2 太陽光エネルギーを使ってどんなことをしたいかを考え、絵に描こう！ 教材 ワークシート2-1	**What do you want to do with solar power?** （自分のモデルの絵を見せる）**I want to do this!** Yes! Why? Because we will need a lot of electricity for **the Olympic stadium** at Tokyo 2020. Let's say **the Olympic stadium**. 「2020年の東京オリンピックでは、たくさんの電気が必要になるよね？」 So, what do you think? **What do you want to do with solar power?** Now, draw a picture about your idea.「まず絵に描いてみましょう！」 （ワークシートで、今回の目標表現のWhat do you want to do with solar power? – I want to do this!は、モデルをなぞらせたり、見ながら書かせることもできる） （またI want to ....で言えそうな表現は、LTLとして教えてもよい）
13分	活動3 自分の考えを発表しよう！ 教材 ワークシート2-1	This time, please give a presentation. I'll show you an example. "**Hello, my name is .... I want to do this with solar power.** **Thank you.**" What are four points for a good presentation? That's right! "**In a clear voice, eye contact, good posture, and ... smile!**" 「笑顔を忘れないでくださいね。」 Next, let's practice! Get into pairs. Give advice to your partner. Now, it's your turn. Any volunteers? ..., come to the front. Excellent! Let's give him/her a big hand!
	ふりかえり・まとめ	Today, let's try to sing ♪ *This Pretty Planet*, with gestures. Let's look back at today's lesson. How was that? You did a wonderful job! That's all for today. See you, everyone!

Worksheet ②

I want to do this with solar power!

太陽光エネルギーでこんなことがしたいよ！

例: The Olumpic stadium for Tokyo 2020!

Date _____ Class _____ Name _____

＜ワークシート②＞

Communication （児童）	Cognition （思考）	Culture / Community （文化理解 / 協学）
「太陽光エネルギーで何がしたいか？」 「オリンピック会場だ」 「どうして？ Why?」 The Olympic stadium. 「そうだよね…。」 All right!	理解 教師に英語でなんと言われているのか、モデルの絵をヒントにわかろうとする。 創造 自然エネルギーの大切さを考えながら、自分の考えを表現する。	Class みんなと一緒に英語を理解していく。 Solo 太陽光エネルギーで自分はどんなことをしたいかを絵に描く。絵を描きながら、他の児童と意見を交換してもよい。
OK! （発表時に大事なことを4つ考える） 「はっきりとした声で、ちゃんと相手を見て、姿勢良く、そして笑顔で！」 In a clear voice, eye contact, good posture, and smile! OK! Let me try! "Hello, my name is ... Thank you!"	理解 教師の発表のモデルをよく見る。 応用 そこから発表に大事な点を考えようとする。 評価 創造 友達を褒めたり、自分の考えを表現する。	Class みんなと一緒に発表のポイントを理解する。 Pair ペアで発表練習する。4つのポイントについて、相手にアドバイスをする。
（前に貼ったピクチャーカードと教師の手振りを見ながら歌う） 感想や学べたことなどを共有する。 Thank you, Mr./Ms. .... Good-bye!	評価 地球を大事にする歌をうたいながら、自然エネルギー体験施設について学んだことをふりかえる。	Class みんなで一緒に歌う一体感が出るとよい。自分の考えと他の児童の考えを比較したり、共感したりする。

指導上の留意点

1. ソーラーカー以外に、光電池で動くおもちゃや時計、計算機などもよい。

2. 活動1.では、東日本大震災のときの福島の被災の様子などについて、事前にたずねたり情報を与えておく。
   「南相馬ソーラー・アグリパーク施設紹介」のビデオはYouTubeで視聴可。
   https://www.youtube.com/watch?v=rLbM3NlNXas

3. なお、このパークでは2014年から水力発電装置等も設置され、自然エネルギー体験学習に使われている。

4. 活動2.の発表は、次回により多く時間を取ったり、さらに教室掲示などもよい。

3時間目 「日本と世界のエネルギー事情について知ろう」

Content（学習内容） 理科、算数、社会との統合学習

時間	Content （学習内容）	Communication （教師）
2分	挨拶	Hello, how are you? Today, let's learn about electricity in Japan and the world!
5分	導入 電気を作る一次エネルギーの種類を知ろう！ 教材 絵カード（エネルギーの種類）	（5、6年生理科の教科書を見せながら） We can make electricity. Now, I have a question. What can we use to make electricity? You know we can use **solar power**. Anything else? Good job! Let's say these words together! **water / wind / wave / human / geothermal / nuclear power, coal, oil, natural gas, biomass**
20分	活動1 グループで理由を話し合いながら、一次エネルギーを分類してみよう！ 教材 ワークシート3-1	Next, I have two questions. Q.1: **How many energy groups do you have?** Two, three, or four? For example, like this. （ワークシートの記入例をボードで見せる） Q.2: What's your reason? その分類の理由は何かな？ You can answer it in Japanese. Work in groups. I will give you 5 minutes. Begin! Time is up! Please share your ideas. Group A, **how many energy groups do you have?** Three groups, I see. What do you have in the 1st group? You can say the names or the numbers. OK, **solar power, water power, and No.2, wind power.** How about the 2nd and the 3rd groups? （同様に訊く） What's your reason? この分類の理由はなんですか？

> **用意する教材・教具**：絵（一次エネルギーの種類・国旗）、5、6年生理科教科書、ワークシート③、各種エネルギー資料サイト、筆記用具
>
> **ターゲットとなる英語表現（学習の言語）**
>
> **語彙**：solar/water/wind/wave/human/geothermal/nuclear power, coal, oil, natural gas, biomass, fossil energy, renewable/non-renewable energy
>
> **表現**：What can we use to make electricity? How many energy groups do you have? – We have ... / We need ...

Communication （児童）	Cognition （思考）	Culture / Community （文化理解／協学）
Hello, Mr./Ms. .... I'm fine. OK!	理解 （話を聞く） 意欲を喚起する。	Class
Yes, that's right. OK. Go ahead! 「電気を作るもの？」 Yes, **solar power**! Water!「石油も？」（以下、児童から引き出しながら単語をリピートしていく） **water/wind/wave/human/geothermal/ nuclear power, coal, oil, natural gas, biomass**	理解 （話を聞く） 電気を作るエネルギーについての既習の知識から教師の英語を聞きながら、関する英語表現を理解し、電気を作る第一次エネルギーについて考え、言ってみる。	Class クラスの他の児童と一緒に考えながら、英語の意味を理解する。
「またクエスチョン？」 How many?「エナジーグループいくつ？」「分けるの？」 ワークシート記入例の説明を聞く。 グループで考え始める。 （分けるとき、それぞれの一次エネルギーのスペルを見ながら記入することもできる）	分析 教師の2つの質問をグループで考える（エネルギーを分類し、その理由を考える）。	Group グループで課題に対して意見を出し合い、互いの意見を尊重しながら知識を共有し、結論を導くプロセスを理解する。
We have three! We have solar power, water power, and No.2. （他も同様に答える） （エネルギーの英語が言えない場合は、ワークシートにある数字で答えてよい） （分類の理由は日本語で答える）	応用 自分たちのグループの答えを言う。	Class 自分のグループとほかのグループとの考え方のちがいに気づく。

次ページへ ➡

95

3時間目 「日本と世界のエネルギー事情について知ろう」（理科、算数、社会との統合学習）

前ページより ➡

時間	Content (学習内容)	Communication (教師)
18分	**活動2** 日本や世界のエネルギーの使い方を知ろう！ 教材 6年生教科書、「エネルギーの分け方」表と「主要国の一次エネルギー構成表」、国旗カード	I'll show you an example. （資料1.のfossil energy と non-fossil energy での分類例を見せる） （各エネルギー名を英語で言っていく） This is **fossil energy**. That is **non-fossil energy**. Look at this chart. What is this? It is natural energy. **Renewable energy or non-renewable energy?** What is the difference?「違いは何かな？」 次に国旗カードを見せ、消費国1〜5番目の国をあてさせる。 What country is this? Which country is No.1 in 2016? Why? 資料2のグラフを見せ、答えを確認する。 さらに、そのグラフから「一次エネルギー構成」を見る。 What is the percent of **fossil energy** in Japan in 2016? What can you find out?「どんなことがわかるかな？」 Yes. **We need more renewable energy!** Do you know "sustainable society", 持続可能な社会？ Sounds great!「世界の人たちと一緒に考えていかなければならないね」
	ふりかえり・まとめ	Let's look back at today's lesson. How was that? **We need** to think more about energy. 地球を大切にする気持ちを込めて、Let's sing! ♪ ***This Pretty Planet***, with gestures. You did a wonderful job! That's all for today. See you, everyone!

Worksheet ③

Q.1 How many energy groups do you have?

グループで理由を考えながら、エネルギーを分類してみよう！ いくつあるかな？

★各エネルギーの数字を使って記入してもOK

1.**solar power** (太陽光) 2.**wind power** (風力) 3.**water power** (水力) 4.**oil** (石油)

5.**coal** (石炭) 6.**natural gas** (天然ガス) 7.**nuclear power** (原子力) 8.**wave power** (波力)

9.**geothermal power** (地熱) 10.**biomass** (バイオマス) 11.**human power** (人力)

Q.2 What's your reason?

その分類の理由はなんですか？(日本語でOK!)

Date _____ Class _____ Name _____

＜ワークシート③＞

Communication （児童）	Cognition （思考）	Culture / Community （文化理解 / 協学）
「化石／非化石エネルギー」は6年生の学習予定内容なので、できれば復習として英語で考える。 Fossil energy and non-fossil energy. Natural energy is renewable! 「化石エネルギーは使い切り！」「自然エネルギーは再生可能エネルギーだ」 China, USA, India, Russia, Japan （表を読み）Oil, natural gas and coal, 90%! 「ほとんど化石燃料を使ってる！」 Oil, natural gas and coal, 90%. 「再生可能エネルギーをもっと増やす！」 More renewable energy! 「国語で、持続可能な社会についても読みました！」	分析 評価 地球環境に優しい再生可能エネルギーについて、日本だけではなく、世界のことも幅広く考え、解決の方法を考える。	Class 日本だけではなく、地球全体のことを考え、多様で複雑なエネルギー問題を理解しようとする。 Group グループで順位とその理由を考えてもよい。 Class 「持続可能な社会」についての学びと結び付けたい。
感想や学べたことなどを共有する。 Yes. Let's think about it. Yes, let's! Thank you, Mr./Ms. .... Good-bye!	評価 地球環境意識を培う。	Class 地球全体を意識して、エネルギー問題を考える。そのための英語の有用性に気づく。

指導上の留意点

1. 「四国電力キッズミュージアム（エネルギーの分け方）」

   http://www.yonden.co.jp/life/kids/museum/energy/concept/006.html

2. 「同上（国別エネルギー消費量・主要国の一次エネルギー構成2016）」

   www.yonden.co.jp/life/kids/museum/energy/world/003.html

   エネルギー消費量順の国の国旗カード＆クイズをもっと下位に増やせる。

   特にこの授業では、教師は常に質問を投げかけ、児童はそれについて考える活動が続くので、「Quiz time!」としてゲーム性を持たせてもよい。

3. 授業と連携させて「NHK for School 理科～電気はどこから」を視聴すると効果的。

   http://www.nhk.or.jp/rika/fushigi6/index_2014_016.html

10 指導案をもとに実施した授業例と省察

① CLILは小学校の学級担任の知識や経験を活かす

CLILは、教科横断型の学習内容（Content）を取り入れることにより、小学校の学級担任の知識や経験を活かしながら、学習指導要領にある「他教科で児童が学習したことを活用するなどの工夫」を取り入れた実践指導を行うことができます。

この指導案に関連した授業例では、特に、理科の授業で児童が既習した内容を、教科書を利用しCLILの授業内容に連携させました。そこに、オーセンティックな素材を取り入れながら、発展的に思考・創造し（Cognition）、自己理解、他者理解、文化間理解、地域・国際理解、そして協学（Culture/Community）につながる学習活動をすることを基本にしました。

このような教科連携については、指導案を考える際に、学級担任、外国語指導者などで十分に相談する必要があります。授業中には、意識的に理科の教科書内容との関連を児童に示すことで、スキーマを活性化させるというねらいがありました。これにより、CLIL授業のポイントである教科の学習内容と英語のレベルのバランスをどう取るかにうまく対応できると考えます。実際に授業では、児童は学習した内容に、「あ、理科の授業で習った。やったことある！」と教科での知識と経験が先に立つことで、多少むずかしい英語表現の意味も推測でき、実物教材や図表とともに活動を通して理解しようとします。学級担任からも、「英語は少しむずかしかったけれど、児童たちにとっては内容が理科の授業の復習にもなったようだ」「理科の授業では、ここまでの活動はやっていないからちょうどよかった」と肯定的なコメントがありました。このように、「各教科と直接的に関連する学習内容＋発展的な学習内容」という授業構成は、CLIL授業の重要なポイントになると実感しました。

② CLILは外国語と母語の両方がコミュニケーションと学習のためのツールとなる

CLILは、英語をコミュニケーションと学習のためのツールとして、意味のある文脈のなかで学び使うことを促します。そのなかで教師ができるだけ英語を使うことはもちろんですが、児童がすべて英語でアウトプットしようとすると、かえって思考レベルが限られてしまいます。学びを深めるために日本語を意図的、限定的に適度に使うことが大切です。この実践授業では、特に、児童が意見を述べたり、理由などを説明したりする際には、日本語を使わざるをえません。それでもたくさんの英語のインプットがあることが重要です。たとえば、6年生の児童からは、「今回は英語がいっぱい！」「エネルギーを英語でグループ分けした」「エネルギーのことを英語で話してくれた」といったコメントが多く寄せられました。また、さらに内容を深めたい場合は、その連携教科の授業の方で担任が行うことができます。これは小学校CLILの大きな特徴であり、メリットの1つです。

5

『世界の小学校』 Similarities and Differences

総合的な学習の時間、情報・図書、社会と関連したCLIL授業

祁答院惠古

背景

　この指導案は、東京都内の公立小学校で5、6年生の児童を対象に実施した外国語活動の授業をもとに作成しました。

　近年外国籍の児童を転入生として受け入れることが多く、ごく自然に教室に外国籍の児童がいて一緒に学習しています。転入生の母語は英語とは限りませんが、外国語活動の時間に英語で橋渡しをすることがコミュニケーションになっています。このような教室の現状から、お互いを理解し尊重し合うことのできる環境づくりにどのようにアプローチしたらよいか考えました。また、外国籍児童の在籍しない小学校では、「同じ年代の子どもが世界のそれぞれの国でどのような学校生活を送っているのだろう」という点に注目しました。日本の小学校に通う児童自身を意識して、上記の疑問が自然に児童から出てくることを期待して、授業を展開しました。

　指導案は、その実践を反映しています。多くの小学校で参考となるように、教材は、*Hi, friends! 1*を使用しています。Lesson 1「世界の様々なあいさつ」、Lesson 3「世界の国の数の数え方」の音声を聞き、同じ年頃の子どもがそれぞれの国の言葉で話している映像を見ることで、さまざまな国に関心を持つように工夫しています。目標は、日本の外に児童の目を向けることです。

　*Hi, friends! 1*のこれらの題材を利用し、英語活動を進める意味は、多くの小学校の外国語活動の参考となることを意図しました。従来の外国語活動の指導ではなく、CLIL的に展開し、学ぶ内容に重点を置くようにしてあります。

　この授業指導では、「知りたい」というモチベーションを児童から引き出すようにすることが重要です。児童が調べたい地域や国を決めるとき、「なぜその地域、国を調べたいか」という理由や根拠を説明できるように促してください。この点において、CLILの4つのCと関連させるようにします。児童は「調べたい」という思いを持って調べ、英語で伝えたいという思いを持って発表し、また、発表を聞く際にも、英語で何を話しているかがわかったという達成感を味わいます。

　この指導案の単元目標は、世界の小学校について興味を持ち、調べ、知ることです。それを英語で理解することを目指します。調べる際には、自分たちの学校についても知ることが必要です。授業ではそのような児童の自律性も育てることを意図しています。

小学校外国語教育におけるCLIL授業 『世界の小学校』

1 **指導者**　小学校学級担任（日本人英語指導者、ALT）

2 **対象学年**　5、6年生

3 **外国語活動と教科内容の関わりについて**

本授業は、総合的な学習の時間（国際理解教育）、情報・図書（調べ学習）、社会（世界の地域や国）で学習した内容を扱い、英語活動を行う。

4 **単元目標**

［科目内容］

国際理解の基礎的な態度を育成するために、世界の大陸、地域、国などに関心を示し、特に、ほかの国の小学校で小学生がどのような活動をしているかを知る。

［英語学習］

- 児童が自分たちで調べたことや伝えたいことを、教師の支援をもとに英語でまとめ、それをどのように英語で発信するか工夫し、実際に発表する。
- 地域、国などの名称や表現に慣れ親しむ。
- 小学校に関連した英語表現に慣れ親しむ。

5 **単元評価規準**

- 世界のことや外国の小学校について知りたいことを積極的に調べようとしている。
- 日本との違いや同じところを見つけようとしている。

6 **学習言語材料**

語彙：地域・国（North America, South America, Africa, Europe, Asia, region, area, country, etc.）
　　　　学校生活（clean the room, have school lunch, have school bags, etc.）

表現：study about 国名、in 地域、(don't) have school lunch、(don't) clean the room、(don't) have schoolbags

7 **配当時間と単元内容**

1時間目　「この国はどこ？」（社会、総合的な学習の時間との統合授業）

2時間目　「グループで協力して調べよう：世界の小学校と日本の小学校」（図書、情報との統合授業）

3時間目　「世界の小学校　同じところ・違うところ」（総合的な学習の時間との統合授業）

8 CLILの4Csとの関連

時限 / 4Cs	1時間目	2時間目	3時間目
Content 内容	「この国はどこ？」 地域や国の名称と位置	「グループで協力して調べよう」 日本と比較した外国の小学校（調べ学習）	「世界の小学校　同じところ・違うところ」 日本と比較した外国の小学校（発表）
	総合的な学習の時間（国際理解） 社会（世界の国）	総合的な学習の時間（国際理解） 図書・情報（調べ学習）	総合的な学習の時間（国際理解）
Communication 学習言語	学習の言語 It's Japan (Australia, Korea, Russia, France, China, India, Finland, America, Kenya, Brazil). 学習のための言語 Let's watch and listen. What country is this? Where is Japan? 学習を通しての言語 学習のなかで気づく地域や国、学校生活の表現、あいさつ、数の数え方など	学習の言語 We want to study about .... 学習のための言語 What country do you want to study about? What did you find / know? Where is the book? What page? 学習を通しての言語 学習のなかで気づく学校関連の語句	学習の言語 study about 国名, in 地域, (don't) have school lunch, (don't) clean the room, (don't) have schoolbags 学習のための言語 Group 1, please. Please share your information. 学習を通しての言語 学習のなかで気づく学校関連の語句
Cognition 思考活動	記憶 理解 推測 *Hi, friends! 1* L1, L3の音声・映像を見て内容を推測する。	理解 推測 分類 世界の小学校と日本の小学校を比較し、共通点や相違点を考える。	理解 分析 評価 教師の支援で、調べたことを英語で発表することにより、伝える内容を考える。
Culture 文化・国際理解 / **Community** 協学	世界の国、場所を理解し、学ぶことを通じて、それぞれの国に関心を持つ。	グループでの調べ学習や、教師の支援により、学習への意欲を高める。	発表の分担や方法を工夫し、ほかのグループの発表を聞く。

9 授業展開

1時間目 「この国はどこ？」

Content（学習内容） 社会、総合的な学習の時間との統合学習

時間	Content （学習内容）	Communication （教師）
2分	挨拶	Hello. How are you?
20分	導入 国の名称を知る	Please watch the video. **What country is this?** Let's listen. ＊本授業では *Hi, friends! 1* の Lesson 1, 3 の映像と音声を使用したが、ほかの方法で導入してもよい。 　たとえば、帰国子女や外国籍児童がいる場合、その国の小学校の話を英語で、またはその国の言葉で話してもらい、「何を話しているのだろう」「何て言っているのだろう」と興味を持って聞くようにする。同じ年齢の友達が英語や他の国の言葉で話す様子を見ることは異文化理解だけではなく、英語学習の動機づけにもつながる。
10分	活動1 国の場所を理解する	What's this? Yes, it's a world map. **Where is Japan?** Where is Australia（Korea, Russia, France, China, India, Finland, America, Kenya, Brazil, etc.）? ＊英語は *Hi, friends! 1* の指導編にある表現を使用する。

102

用意する教材・教具：*Hi, friends! 1*、世界地図、国旗カード
ターゲットとなる英語表現（学習の言語）
　語彙：country, Australia, Korea, Russia, France, China, India, Finland, America, Kenya, Brazil, etc.
　表現：What country is this? Where is Japan?

Communication （児童）	Cognition （思考）	Culture / Community （文化理解/協学）
Hello, Mr./Ms. .... I'm fine.	[理解]（話を聞く） 意欲を喚起する。	
It's Japan (Australia, Korea, Russia, France, China, India, Finland, America, Kenya, Brazil, etc.).	[理解]（話を聞く） 教師の質問を聞き、どこの国か考える。 [推測] ビデオを視聴し、英語の音声を聴きとる。	[Class] クラスの他の児童と一緒に考えながら、英語の意味を理解する。 [Solo] ビデオに出てくる国の背景について想像し、世界の国に興味を持つ。
A world map. It's here. 答えた児童が国旗カードを世界地図に貼る。	[推測][理解] 教師の質問を聞き、国がどこにあるかを見つけ、世界について考える。	[Class][Solo] それぞれの国の位置を理解し、どこにあるのか興味を持つ。

1時間目 「この国はどこ？」（社会、総合的な学習の時間との統合学習）

前ページより ➡

時間	Content （学習内容）	Communication （教師）
10分	活動2 学校について知ろう	Let's learn about school life in each country. 学校生活について知りましょう。 Do they have school lunch? Do they clean the school? Do they have schoolbags? What do you think? ＊日本の小学校の特徴を気付かせる（給食当番や掃除当番など）。 　教師は、児童の日本語の発話を英語にして、クラス全体で共有する。 What country do you want to study? Let's talk in groups. We will study about schools in the world. ＊世界の全地域を調べさせたいが、文化の違いに気付き認め合うことが本単 　元の目的なので、グループで話し合った結果を尊重する。
3分	ふりかえり・まとめ	次回、図書室で調べることを伝えて終了する。 You did a good job.

Communication （児童）	Cognition （思考）	Culture / Community （文化理解／協学）
Yes! No! え、ちがうの？ え、わかんない。 I don't know. **We want to study about Russia.**	推測 理解 それぞれの国の小学校生活について何をどのように調べるか考える。	Class Solo Pair 調べる国を分担し、協力して世界の小学校について関心を持ち、計画する。
Thank you, Mr./Ms. .... See you.	統合 学んだことを整理する。	Class 考えをまとめ、ほかの児童の考えを聞くことで気づきを促す。

2時間目 「グループで協力して調べよう！」

Content（学習内容） 図書、情報との統合学習

時間	Content （学習内容）	Communication （教師）
2分	挨拶	Hello, everyone. How are you?
10分	復習／確認 図書室の活用と調べ方 （必要な資料は事前に用意しておく）	Group 1 (2, 3, ...), **what country do you study about?** Finland. Good. Write down what you find about Finland on this worksheet, please. **Schools in the world** Class: Group members 1. Country 　（国） 2. Why did you research this country? 　（なぜこの国を調べようと思いましたか） 3. What did you find out?　　（わかったこと）調べた本のタイトル、著者名、出版社名も忘れずに書きましょう！ 　School lunch 　（給食は？） 　Cleaning the room 　（掃除は？） 　Schoolbags? 　（ランドセルは？） 4. What do you think? 　（調べた感想） ＊児童の気づき、興味関心に寄り添い、より多くの情報を収集するよう促す。

用意する教材・教具：図書室の本、ワークシート、パソコン

ターゲットとなる英語表現（学習の言語）
　語彙：school lunch, schoolbag, clean the room
　表現：What country do you study about? We study about ....

Communication （児童）	Cognition （思考）	Culture / Community （文化理解/協学）
Hello, Mr./Ms. .... I'm fine.	理解 （話を聞く） 意欲を喚起する。	Class 言語や文化に関心を持つ。
We study about Finland. OK. ＊児童が教師に話しかける際、 Excuse me. Please help me. I can't find the information. など、英語の使用を促す。	理解 推測 グループ活動の準備をし、活動の確認をし、調べ学習の予想を立てる。	Group グループで協力して調べる態勢を作り、役割分担をする。

2時間目 「グループで協力して調べよう！」（図書、情報との統合学習）

前ページより ➡

時間	Content （学習内容）	Communication （教師）
30分	活動1 グループ学習	教師は各グループの活動を支援する。その際に可能なかぎり英語を使う。 They don't have school lunch. They eat lunch at the lunch room. Do they clean the room by themselves? Yes. The school staff clean the room. In Mexico, every child has a different job each day. Collecting water and mopping the floor. In Brazil, children have school lunch. ＊困っている児童には一緒に本を見て内容が理解できるよう語りかける。
3分	ふりかえり・まとめ	Next time, we will share the information. That's all for today.

108

Communication （児童）	Cognition （思考）	Culture / Community （文化理解/協学）
活動は日本語でのやりとりになるが、教師の英語による問いかけに英語で答えるようにする。 「給食ない。」No school lunch. Yes.「食堂がある。」 No.「掃除の人がいる。」 「メキシコでは日本みたいに当番があるよ。床拭き、水汲み。」 「ブラジルは給食がある。」 They have school lunch. ＊調べ学習中の児童の気づきの声や反応の日本語を教師が英語で提示する。 ＊次回の発表につなげるために、英語を使い、練習する。	推測 分析 理解 世界の小学校について調べる本を探すことができ、必要な情報を調べ、どのようにまとめるか考える。	Group グループのなかで協力することの重要性を理解する。
Thank you, Mr./Ms. .... Good-bye!	記憶 理解 推測 分類 学んだことを整理し、次回の発表の準備をする。	Class それぞれのグループの結果を期待する。

3 時間目 「世界の小学校　同じところ・違うところ」

Content（学習内容） 総合的な学習の時間との統合学習

時間	Content （学習内容）	Communication （教師）
2分	挨拶	Hello, everyone. How are you?
10分	復習	Please sit down in a group. I'm going to read my paper. Listen to me, please. **ALTまたは教師が次の発表の見本となるように英語で紹介する。** 　①**We studied about Iran.** 　②**Children in Iran don't have school lunch.** 　③**They don't clean the room.** 　④**They don't have schoolbags.** I'll give you back your paper. Here you are.
10分	活動1 発表の準備	It's your turn. Please practice your presentation. Every member needs to join. OK? If you have any questions, please ask your teachers. 教師は各グループを支援する。

> 用意する教材・教具：世界地図、調べたワークシート、写真、本など
> **ターゲットとなる英語表現（学習の言語）**
> 　表現：We studied about .... They clean / don't clean the room.
> 　　　　They have / don't have school lunch / schoolbags.

Communication （児童）	Cognition （思考）	Culture / Community （文化理解 / 協学）
Hello, Mr./Ms. .... I'm fine. OK!	理解 （話を聞く） 意欲を喚起する。	Class 言語や文化に関心を持つ。
次の発表の方法・内容を推測して、ALTまたは教師の英語を聞く。 ワークシートを受け取る。 Group 2: Thank you.	推測 理解 ALTまたは教師の見本を聞いて調べ学習の内容を理解する。	Class ALTまたは教師の（発表）見本の英語に興味・関心を持つ。
教師（ALTなど）の見本をまねて英語の発表の仕方をグループで確認する。 （質問の英語例） Excuse me. How do you say ... in English? Thank you.	理解 分析 推測 教師の見本を参考に児童自身で発表を考える。意味を伝えることを大切に工夫する。	Group グループ内で互いに協力し、それぞれの分担を決め、協力することの意味を理解し、互いに支えあう。

3時間目 「世界の小学校　同じところ・違うところ」（総合的な学習の時間との統合学習）

前ページより ➡

時間	Content （学習内容）	Communication （教師）				
20分	活動2 発表	It's presentation time! Are you ready?				

	G1	G2	G3	G4
Country	国旗	国旗		
Lunch	○	○		
Cleaning	×	○		
Schoolbags	×	○		
感想				

・教師は上記のような表を黒板に書き、各班の発表を記録する。
・countryは1時間目に使用した国旗カードを使用する。
・lunch, cleaning, schoolbagsの答えは○×で記入する。
・感想は日本語でよい。
・発表したことを褒める。
・発表が終わったら、表を見ながら英語を確認する。

＊グループのメンバー全員が発表に参加する。
　発表内容を表にまとめそれぞれの国を比較する。

時間	Content（学習内容）	Communication（教師）
3分	ふりかえり・まとめ	児童の発表を褒めて終わる。 学習をふりかえる。 Good job! That's all for today. See you, everyone!

Communication （児童）	Cognition （思考）	Culture / Community （文化理解 / 協学）
We are Group 3. We studied about Finland. Children in Finland can eat free school lunch. They eat school lunch in the lunch room. They don't clean the room. They have schoolbags. 感想：気候は違うけれど、学校生活は日本と 　　　ほとんど同じだった。 Thank you.	推測　洞察 発表を通じて、各国の小学校生活について考える。	Class　Group　Solo 発表を通じて、お互いを尊重することの大切さを理解する。
Thank you, Mr./Ms. .... Good-bye!	総合　理解 各国の事情を理解し、学んだことを整理する。	Class 互いを尊重することの大切さを確認する。

10 指導案をもとに実施した授業例と省察

① 豊かな内容で児童の学習への興味と意欲を喚起し促進するCLIL

　本指導案では、*Hi, friends! 1* の活動を通して、日本の小学校に通っているのと同じように、子どもは、それぞれの国の小学校生活を営んでいるということの理解を目標としています。グループごとに調べる国を決め、その国を調べたい理由などを発表します。実際の授業では、「日本の反対側にある国なのでまったくわからないから」「寒い国なので日本とはどう違っているのか知りたい」「クラスメートの親戚が住んでいるから」など、どれもなるほどと感心するものでした。児童の興味を引く学習内容の提供が大切だということがよくわかります。CLILはそれを提供してくれるアプローチです。

② 言葉を使う自然なプロセスと積極的なコミュニケーションを促すCLIL

　授業では、「指の折り方が違う（数の数え方）」「制服を着てる」「〜って聞こえる」というように、*Hi, friends! 1* の映像に興味を示す反応がありました。さまざまな気づきがあることがわかりました。文化の違い、言語の違い、違う音に対する気づきが自然と生まれているのです。2時間目の調べ活動では、教師が "Do they have school lunch?" と児童に尋ねると、"No lunch." と答えが返ってきて、"Oh, they don't have school lunch." と言うと、"No!" と、自然な英語の発話が児童から聞かれました。児童は、自分たちで調べて理解した内容について英語でやりとりするので、自然な反応ができます。CLILの一つの特徴です。

③ 思考や学びを活性化し、文化理解を深め、動機づけを高めるCLIL

　実際の授業では、児童は、さまざまな国で自分たちと同じように小学校に通っている子どもがいることを学びました。「ランドセルがないのでびっくりした」「毎日キムチが給食に出るのは、日本で毎日牛乳が出るのと同じだと思った」「男女別学だったのに驚いた」「気候が違うけれど学校生活は日本とほとんど同じだった」など、児童が気づいたことはごく一面の見方でしかありませんが、自分たちで調べたということが重要です。発表を終えた児童はいわゆる外国語活動の授業とは少し違った表情をしていました。それは、伝えたい内容があること、根拠のあることを言う自信、調べてわかったことを英語で発表できた達成感が導いたと思います。これはCLILの4つのCと関連します。CLILアプローチは、思考や学びを活性化し、文化理解を深め、英語学習の動機づけを高める効果があります。

6

『立体を探そう！』Let's find 3D shapes!

算数、図工、体育、社会と関連した CLIL 授業

高野のぞみ

背景

　この授業のテーマは「立体」です。多くの児童にとって、2次元と3次元の概念（たとえば、円と球や四角形と立方体）は混同しやすく、明確に区別できるようになるまでには、練習と経験が必要です。算数科目として繰り返し練習することは、授業のマンネリ化と算数嫌いの児童を増やしてしまう危険性がありますが、外国語科目のなかで立体を扱えば、違った視点からの新しいイメージで、児童の前向きな姿勢を喚起させることができます。また、外国語の授業では、普段聞き慣れた日本語で学ぶときと違い、児童の集中度や緊張度が高まります。たとえば、授業についていこうとして教師の指示を一生懸命聞いたり、周りの人の反応を観察したり、自分の理解が正しいかどうか実践して確かめてみるなど、日本語で学ぶときとは違ったプロセスがあるからです。本指導案は、児童の集中度が高まる・体験的に学ぶという CLIL 授業の利点を活かして、立体に対する理解をより深いものに導くことが目的です。

　1時間目は、立体物を実際に触ったり、多方向から眺めたり、展開図を組み立てたりすることで、3次元を実感させます。立体を理解するためには、奥行きや正面からは見えない裏側にも注意を向けることが大切だからです。2時間目は、自分たちの体で立体を作ってみることで、その立体の特徴や、平面と立体の違いを体感させます。このグループで協力して1つの人間立体を作るという活動は、CLIL の4Cの1つである協学の場（コミュニティー）となり、児童はともに学ぶ面白さを体験できます。3時間目には、地域・日本・世界に実存する立体物や建造物を分析します。概念の世界である算数から現実社会に視野を広げることで、教科書の平面上に描かれている立体が、世の中でいろいろに組み合わされ・デザイン化され、機能していることに気づくことができます。

　英語は、シンプルで基本的な文法や表現を繰り返し使います。1時間目は、教師から児童へ何度も同じ表現（What shape is this? / Is this a ...?）を使って質問をします。児童からの応答は、初めは単語だけ、Yes./No. だけでも構いませんが、時間数を積んでいくに従って、文章レベルで発話するように促しましょう。なお、数学の語彙は日常語ではないため、難しすぎると感じる場合には、rectangular prism を外すなど、状況に応じて難易度の調整をしてください。

小学校外国語教育におけるCLIL授業 『立体を探そう！』

1 **指導者**　　小学校学級担任（英語指導者、ALT）

2 **対象学年**　　5、6年生

3 **外国語活動と教科内容の関わりについて**

本授業では、What is this? It's a ... の応用表現を使いながら、「立体」をテーマに、算数（立体）、図画工作（立体）、体育（創作表現）、社会（地域・国内外の建物、世界遺産）の内容を学ぶ。

4 **単元目標**

［科目内容］

算数：身の回りの立体物を分類したり、展開図や人間立体を作ったりして、それぞれの立体の特徴を知るとともに、身近な建物や有名な立体物の形や構造を観察することで、立体について深く考える。

図画工作：展開図を組み立て、平面、立体、形、空間についての概念を理解する。

体育：表したい立体の特徴を捉え、体で表現する。

社会：身近にある建物や国内外の有名な建造物・世界遺産等の立体的特徴や機能性について考える。

［英語学習］

- 立体の名前を言ったり、どんな立体なのかについて質問したり答えたりする。（知識／技能）
- さまざまな立体物や建造物がどのような立体なのかを考えながら、英語で説明したり、発表したりする。（思考力、判断力、発表力等）

5 **単元評価規準**

- 立体について、興味を持って深く考える。
- 英語で、立体の名前を聞き取ったり言ったりすることができる。
- 教師とのやり取り、グループワーク、発表などをする際に、英語を積極的に使って表現しようとしている。

6 **学習言語材料**

語彙：立体の名前（sphere, cube, cylinder, cone, rectangular prism, pyramid, etc.）

表現：What shape is this? It's a .... Is this a ...? Yes, it is. No, it isn't. Almost. etc.

7 **配当時間と単元内容**

1時間目　「立体を探そう！」（算数、図工との統合授業）

2時間目　「人間立体に挑戦！」（算数、体育との統合授業）

3時間目　「地域や国内外の立体物を見てみよう！」（算数、社会との統合授業）

8 CLILの4Csとの関連

4Cs ＼ 時限	1時間目	2時間目	3時間目
Content 内容	Let's find 3D shapes! 立体を探そう！	Can you make 3D shapes with your bodies? 人間立体に挑戦！	Let's look around! 地域や国内外の立体物を見てみよう！
	算数（立体） 図画工作（立体）	算数（立体） 体育（創作表現）	算数（立体） 社会（地域・国内外の建物・世界遺産）
Communication 学習言語	学習の言語 立体の名前 cube/cone/ sphere/cylinder/ rectangular prism What shape is this? It's a .... 学習のための言語 How about this? I don't know. / Maybe. 身の回りの物の名前（pen, pencil case, ball, hut, etc.） 学習を通しての言語 身の回りの物の名前で未習のもの	学習の言語 立体の名前 pyramid Is this a ~? Yes, it is. / No, it isn't. / Almost. 学習のための言語 This is a .... 国名（India, Egypt, Italy, France, etc.） 学習を通しての言語 There are six points / surfaces.	学習の言語 建物の名前 planetarium, museum, station, library, building, restaurant 学習のための言語 What shape is this? Is this a ...? Why? 学習を通しての言語 施設・建物の名前で未習のもの
Cognition 思考活動	暗記 理解 推測 英語での立体の言い方を知り、周囲にある物がどの立体かを判断し分類する。立体展開図がどんな立体になるのかを推測し、組み立て確認する。	応用 分析 創造 立体の特徴を理解、分析し、自分たちの体を使って立体を表現する。地域の建物や世界の建造物がどんな立体かを分析し、判断する。	応用 分析 評価 さまざまな建物がどんな立体かを分析し、自らが見つけた立体物の絵を描いて発表する。建造物の特徴やそれぞれの立体の機能について考える。
Culture 文化・国際理解 / Community 協学	Solo Class 立体、展開図について Group 立体展開図を組み立てる	Solo Class 立体の特徴について Group 立体を創作表現する	Solo Class 立体物や建造物について Group お互いの発表を聞き、評価し合う

9 授業展開

<table>
<tr><td>**1**
時間目</td><td colspan="2">「立体を探そう！」Let's find 3D shapes!

Content（学習内容） 算数、図工との統合学習</td></tr>
</table>

時間	Content （学習内容）	Communication （教師）
2分	挨拶	Hello, how are you? Let's learn English!
10分	導入1 教室内にある立体物を分類しよう	Do you like soccer/baseball/tennis? さまざまな種類のballを机Aに置く。 教室内にあるtoilet paper, canなど円柱のものを机Bに、box, diceなど立方体のものを机Cに、megaphone, party hutなど円錐のものを机Dに、eraser, bookなど直方体のものを机Eに置く。 This is a marble. Group A, B, C, D or E? ビー玉を机Aに置く。 How about this? 他の物も同様に行う。 **Can anybody find more?** 円柱と直方体の物は教室内に多くあるが、他の立体物は授業前にあらかじめ準備する。例：球 (globe)、円柱 (mess cylinder)、立方体 (cube sugar)、円錐 (traffic cone, funnel)
10分	導入2 算数 立体の語彙を覚えよう	Soccer ball, globe, ... this shape is called **sphere**. 同様に **cylinder, cube, cone, rectangular prism** 立体の語彙を導入する。 coneとcorn（とうもろこし）は、違う言葉なので注意する。sphereのphの発音は下唇を上の歯で軽くかむことを強調する。cylinderはアクセントに注意する。 Banana? **Is this a cylinder?** 分類の間違っているものがあれば指摘する。 Why? 理由も確認する。

118

用意する教材・教具：球・円柱・立方体・円錐・直方体の物、絵カード（太陽、たこ焼き、海苔巻、氷、豆腐など）、立体展開図

ターゲットとなる英語表現（学習の言語）

　語彙：pen, ball, hut, can, toilet paper, megaphone, eraser, book, marble, globe, etc.

　表現：What shape is this? It's a sphere/cube/cone/cylinder/rectangular prism.

　　　　Is this a ...? Yes, it is. / No, it isn't.

Communication （児童）	Cognition （思考）	Culture / Community （文化理解 / 協学）
Hello, Mr./Ms. .... I'm fine. OK!	理解（話を聞く） 意欲を喚起する。	Class
Yes. / No. 教師の質問に答える。 教師が何をしているのか想像する。 A! B / C / D / E! 教室内にある立体物を分類する。	理解（話を聞く） 立体物について興味を持ち、教師の英語を聞く。 応用　分析 教師がそれぞれの立体に分類するのにならって、教室内にある立体物を分類する。	Class クラスのほかの児童と一緒に考えながら、立体物を分類する。
Sphere 語彙をリピートする。 同様に**cylinder, cube, cone, rectangular prism**をリピートする。 **No, it isn't.** 「曲がってるから。」	記憶　理解 立体物を見ながら、立体の語彙を覚える。 分析　評価 身の回りの物がどんな立体なのかを分析し、関連付けている。	Class クラスのほかの児童と一緒に語彙をリピートしながら、練習する。

1時間目　「立体を探そう！」Let's find 3D shapes!（算数、図工との統合学習）

前ページより ➡

時間	Content （学習内容）	Communication （教師）
5分	活動1 語彙を練習しよう	Now, **what shape is this?** 太陽の絵カードを見せる。 OK, **it's a sphere.** 表現を導入する。 絵カードを机Aに置く。 同様に、他の絵カードも、質問しながらABCDEの机の上に分類。
5分	活動2 算数 展開図と立体を一致 させよう	Then, **what shape is this?** 立方体の展開図を見せる。 OK, **it's a cube.** 立方体の展開図を机Cに置く。 **Is this a cube,** too? 判断しにくい展開図を見せる。 正しいと判断できる展開図は机に、正しいか否か判断できない展開図はよける。
10分	活動3 図工 展開図を組み立てて 確かめよう	OK, let's try! 正しいかどうかが判断できない展開図を配る。 確認後、**Is this a ...?** とききながら、正しい展開図は各机に振り分ける。
5分	活動4 もう一度確認しよう	**What shape is this?** 机の上にあるものを確認し、復習する。 　球については、平面を組み立てて作れないことがわかればよい。紙風船を展開させてみるなどして、状況に応じて算数の時間に日本語で説明する。
3分	ふりかえり・まとめ	身の回りにある立体物を探して持参するよう宿題を出す。 児童の活動を褒め、終了する。 You did a good job! See you!

Communication （児童）	Cognition （思考）	Culture / Community （文化理解 / 協学）
Sphere. It's a sphere. と、リピートする。	理解 応用 絵カードの立体物がどんな立体なのかを考える。	Class クラスのほかの児童と一緒に表現をリピートしながら、練習する。
It's a cube. Yes, it is. / No, it isn't. / I don't know. / Maybe.	理解 応用 分析 立体の展開図を見て、その立体を想像する。	Class Solo 一人一人が考え、意見を言う。
展開図を組み立てる。 Yes, it is. / No, it isn't.	応用 評価 展開図を組み立て、正しい展開図を知る。	Group Pair グループまたはペアで協力する。
It's a cone / cube / cylinder / rectangular prism / sphere. 「sphere の展開図はなんでないの？」	記憶 学んだ事を確認する。	Class クラス全体で確認する。
Thank you, Mr./Ms. .... Good-bye!	記憶 理解 宿題を確認し、次回につなげる。	Class クラス全体でふりかえる。

2 時間目 「人間立体に挑戦！」Can you make 3D shapes?

Content（学習内容） 算数、体育との統合学習

時間	Content （学習内容）	Communication （教師）
2分	挨拶	Hello, how are you? Let's learn English!
5分	前時の復習	前時に使ったさまざまな立体物を見ながら、復習する。 **What shape is this?** 宿題を確認する。持ってきた立体物を発表させる。
5分	導入 算数 立体の特徴を確認しよう	立体カードを黒板に貼り、point, surfaceと書く。 This is a cube. These are points. A cube has one, two, three, ... eight points. と数え、カードの下に8と書く。 A cube has eight points. と、リピートさせる。 These are surfaces. A cube has one, two, ... six surfaces. と数え、6と書く。 **A cube has six surfaces.** とリピートさせる。 同様に、cone (1, 2), cylinder (0, 3), sphere (0, 1), rectangular prism (8, 6) と書き、Today, we have a new shape, **pyramid**. と言って、四角錐 (5, 5) も導入する。 One point: pyramidは角錐で、底面が四角形とは限らない。
10分	活動1 体育 グループで人間立体を作ろう	Taro, come here and sit down like this. Jiro, you, too. 人間立体のサンプルを作る。 Now, you become groups of five and make 3D shapes. グループ分けする。 巡視して、それらしい立体ができたら、**Is this a cube?** などと質問する。 人間立体の一部になっている児童には全体像が見えないため、その場で写真を撮り「今こういう状態だから、もっと〜して」というような、修正する段階があると完成度が上がる。各グループに1人、写真を撮ったり指示を出すコーディネーター役がいるとよい。その際、How about this? Almost./Yes, it's a cube. などの英語がやり取りできるとよい。

6

用意する教材・教具：球・円柱・立方体・円錐・直方体・角錐の物、立体カード、建造物の写真（ピサの斜塔、
国会議事堂、三大ピラミッドなど）、ワークシート

ターゲットとなる英語表現（学習の言語）

語彙：one, two, three, four, five, six, Italy, Egypt, U.S.A, China, etc.

表現：What shape is this? It's a sphere/cube/cone/cylinder/rectangular prism/pyramid.

Is this a ...? Yes, it is. / No, it isn't. / Almost.

Communication （児童）	Cognition （思考）	Culture / Community （文化理解 / 協学）
Hello, Mr./Ms. .... I'm fine. OK!	理解 （話を聞く） 意欲を喚起する	Class
It's a .... S1: This is a battery. **What shape is this?** SS: **It's a cylinder.**	記憶 応用 分析 評価 前時の学習を復習し、持参した立体物を発表する。	Class Solo 全体で復習した後、一人ずつ発表する。
教師の話を聞いて、点や面の数を一緒に数え、それぞれの立体の特徴を確認する。 A cube has eight points. A cube has six surfaces. pyramid	理解 分析 教師の話を聞いて、点や面の数を一緒に数え、それぞれの立体の特徴を確認する。	Class クラス全体でリピートしながら、立体の特徴に気付く。
教師が何をしているのかを想像する。 グループの仲間と相談して、自分たちの体を使って人間立体を創作する。 **Yes, it is. / No, it isn't.**	理解 応用 分析 評価 創造 教師が何をしているのかを想像する。グループで人間立体を創作する。	Class Solo Group グループの仲間と相談して、自分たちの体を使って立体を作る。

次ページへ ➡

123

2時間目 「人間立体に挑戦！」Can you make 3D shapes?（算数、体育との統合学習）

前ページより ➡

時間	Content （学習内容）	Communication （教師）
10分	活動2 体育 グループで人間立体を披露しよう	Now, show time! 発表の仕方を説明する。
10分	活動3 いろいろな建造物を見てみよう	国会議事堂の写真を見せる。 **What shape is this?** さまざまな建造物の写真を見せながら同様に行う。 例： 球（プラネタリウム、ガスタンク）、円柱（登り棒、日光東照宮陽明門逆柱）、立方体（ジャングルジム）、円錐（クリスマスツリー）、角錐（大手ちゃんぽん店の屋根）、直方体（自動販売機、郵便ポスト） ワークシートを配布する。 帰り道にある建物なども見て、ワークシートを埋めてくるよう宿題を出す。
3分	ふりかえり・まとめ	児童の活動を褒め、終了する。 You did a good job! See you!

学校や自分の住んでいる地域にある建物を見てみよう。
sphere, cube, cone, cylinder, pyramid, rectangular prism、
または、それに近い立体を探して、絵を描こう。

sphere 球	cylinder 円柱
cube 立方体	pyramid 角すい
cone 円すい	rectangular prism 直方体

＜宿題ワークシート＞

Communication （児童）	Cognition （思考）	Culture / Community （文化理解 / 協学）
SS1: **What shape is this?** SS2: **Is it a pyramid?** SS1: **Yes, it is. / No, it isn't.**	記憶 理解 応用 分析 評価 創造 人間立体を披露する。	Class Group グループで人間立体を発表する。他のグループの発表を見て、何の立体かを当てる。
It's a pyramid.	理解 応用 分析 評価 創造 学校のグランドや教室から見える町の風景から立体を探す。	Class Solo さまざまな建造物がどんな立体なのかを考える。
Thank you, Mr./Ms. .... Good-bye!	記憶 理解 学んだ事をふりかえる。	Class クラス全体でふりかえる。

3 時間目 「国内外の立体物を見てみよう！」Let's look around!

Content（学習内容） 算数、社会との統合学習

時間	Content （学習内容）	Communication （教師）
2分	挨拶	Hello, how are you? Let's learn English!
5分	前時の復習	前回使ったさまざまな建造物の写真を見せながら復習をする。 **What shape is this?**
10分	導入 社会 いろいろな立体物を 観察しよう	白川郷の合掌造りの屋根の写真を見せる。 **What shape is this? Is this a pyramid?** Why? Oh, where are they? Great. 富士山の写真を見せる。 **What shape is this? Is this a cone? Almost?** Why? I see. スカイツリーの写真を見せる。 **What shape is this? Is this a cone?** Why? ほかにも判断に迷う立体の建造物や立体物の写真を示して、同様に行う。 例：角錐（エッフェル塔）、円錐（シンデレラ城の屋根）、円柱（青函トンネル）、 　　球体（タージマハール、擬宝珠）、立方体・直方体（トラックの荷台、電車）
10分	活動1 宿題の確認と発表の リハーサルをしよう	3、4人程度のグループを作る。グループディスカッションのやり方を説明する。 （数学的に完璧な立体物は社会には存在しないため、たとえば電柱を円錐とみなすか円柱とみなすかなど、許容範囲には個人差があってよい。「下より上が細くなっているから」「頂点が尖っていない」など、お互いの意見を交換することで知識がより明確に定着するので、グループでディスカッションをして、理由を述べさせる。理由は日本語で良い。教師はその理由を聞くことにより、児童の立体に対する理解度を確認することができる。）

用意する教材・教具：立体物の写真（白川郷、富士山、スカイツリー、シンデレラ城、金閣寺、タージマハール、エッフェル塔など）

ターゲットとなる英語表現（学習の言語）

語彙：France, India, city library, planetarium, building, restaurant, station, etc.

表現：What shape is this? It's a sphere/cube/cone/cylinder/rectangular prism.
Is this a ...? Yes, it is. / No, it isn't. / Almost.

Communication （児童）	Cognition （思考）	Culture / Community （文化理解 / 協学）
Hello, Mr./Ms. .... I'm fine. OK!	理解 （話を聞く） 意欲を喚起する。	Class
It's a	記憶 理解 前回の復習をする。	Class 全体で復習をする。
Yes, it is. / No, it isn't. / Almost. There are six points. Here, here, ... and here. Yes, it is. / No, it isn't. / Hmm ... yes, almost. 「噴火口があるから。」 Yes, it is. / No, it isn't. / Almost. 「上の方が cylinder。」 「展望台が違う形。」	理解 応用 分析 評価 判断に迷う立体の建造物を分析し、立体の特徴を確認する。	Class Solo 一人一人が考え、意見を言う。
S1: **Is this a sphere?** S2, 3: **Hmm, almost. / No, it isn't. / Yes, it is.** S1: **Why?** S2: ここに頂点があるから球とは言えないんじゃない？ S3: でもほぼ球と言っていいんじゃないかなあ？	理解 応用 分析 評価 お互いの宿題を見直す。自分の選んできた建造物が許容範囲内かどうかを討議する。	Group グループで協力して、行う。

次ページへ ➡

127

3時間目 「国内外の立体物を見てみよう！」Let's look around!（算数、社会との統合学習）

前ページより ➡

時間	Content （学習内容）	Communication （教師）
15分	活動2 発表しよう	**Now, please present what you found.** 宿題を発表させる。 発表の仕方のサンプルを提示する。
3分	ふりかえり・まとめ	児童の活動を褒め、終了する。 You did a good job! See you!

Communication （児童）	Cognition （思考）	Culture / Community （文化理解/協学）
宿題を発表する。 S1: This is the city library. **What shape is this?** SS: **It's a sphere.** S1: Yes, it's a sphere. S2: This is the train station. **What shape is this?** SS: **It's a cube.** S2: Yes, it's a cube.	理解 応用 分析 評価 創造 各々が見つけてきた立体物を発表する。	Class Group Pair グループまたはペアで行う。
Thank you, Mr./Ms. .... Good-bye!	記憶 理解 学んだ事をふりかえる。	Class クラス全体でふりかえる。

10 指導案をもとに実施した授業例と省察

① CLILでは、交流・協力・協同学習を促す活動を取り入れる

　本指導案では毎時間グループ活動を行いますが、特に2時間目の人間立体を作る活動では、グループのメンバー一人ひとりの手足体が立体の辺や面になるため、メンバー全員の協力が必須です。グループで話し合い、試行錯誤して、少しずつ修正しながら全員で立体を完成させる過程で、自然とチームワークが培われました。

② CLILでは、助け合い・学び合うためのコミュニケーションをする

　2時間目に出すワークシートの宿題は、児童が自らの判断で立体物を探さねばならないため難易度が高く、実践では次のような難しさがありました。

1）「丸いという理由で車のタイヤを球の例とする」「角ばっているという理由で立方体と直方体を混同する」
　このような間違いは、3時間目の活動1でグループの仲間に指摘され、解決されることが望まれます。その際、お互いに見つけてきた立体物が正しいのか否かを確認するためにディスカッションを行いますが、No, it isn't. という否定形の表現が相手を否定するためではなく、ともに学ぶために使われることには大きな意義があります。更に、Almost. という表現を使うことにより、近似物を選んできた仲間の判断に一定の理解を示すことができます。仲間の判断を正し合い・認め合うことで、学び合いが起こります。

2）「球や立方体の建物、円錐らしい円錐の建造物を見つけられない」
　ここでは、何故、周囲に見つけやすい立体と見つけにくい立体があるのかをグループで考え、児童なりの理由を挙げさせることで（例：球体の家は使いにくいから、円錐の先は尖っていて危ないから、日本は土地が狭いからビルは上に伸びる）、立体に対する思考を深めます。

③ CLILでは、意味のあるやりとりを重ね、言語能力を高めていく

　3時間目の導入の際、白川郷の切妻屋根を提示してIs this a pyramid? と質問すると、多くの児童が間違えてYes, it is. と答えました。No, it isn't. と正しい答えを言った児童にWhy? と質問したところ、（There are）six points. と答えました。更に、Where are they? と質問すると、屋根に2つ、手前、奥、横、向こう側に1つずつある、と日本語で説明しました。ここでのThere are six points. は、自然な流れのなかでの必然性のある英語の発話で、CLIL授業ではこのような、意味を有する言語活動が大切だと考えます。

④ CLILは、深い内容で児童の知的好奇心を刺激する

　授業後のアンケートでは、「体を使って実際に形そのものになったのが楽しかった」「町から立体を探すのがおもしろかった」「もっとほかの立体の言い方も知りたい」とあり、立体の知識を応用した体験的な活動を英語で行うことにより、児童が新たな興味を起こし、学習への動機付けとなったことが示唆されました。

7

『世界と日本─オリンピック』

社会、総合的な学習の時間と関連したCLIL授業

松浦好尚

背景

　この授業案は、公立小学校の6年生を対象とした外国語活動で実践したものを元に、5年生でも対応できるCLIL授業として書き直したものです。実践した小学校は栃木県内中心部に位置する一般的な公立小学校で、当時6年生は、低学年で年に数回、中学年で年間15時間、高学年で年間35時間の外国語活動を行っていました。数人は、塾で学んでいて、英語への関心意欲が高い児童が多い学級でした。しかし、英語を話すことに不安を持っている児童も多く、話すことへのきっかけづくりをこの単元を通して実践できればというのが指導者側の狙いでもありました。「自分の考えを英語で話したのは初めて」や「友達の言っている英語がわかった」など今までの外国語活動指導では見られなかった姿を見せてくれました。

　児童が興味を持っている本当の内容を扱うことによって、学習者である児童が自然に課題を捉え、自らの思いを表現したくなる教材になっていたということが内容と言語を統合したCLIL学習のよさと考えられます。グローバルな社会を生きる児童にとって、国際理解をオリンピックという側面から捉えたこの単元は、自然に意欲を持たせる内容となっています。

　理解可能で意味内容があり、挑戦的なインプットを多用した本単元を学ぶ児童が自然なアウトプット活動へとつなげていった過程を報告します。

　教科の内容ではなく、国際理解について学ぶ外国語活動として実践しました。オリンピックエンブレムの白紙撤回のニュースがきっかけとなって、児童がエンブレムについて学ぶ機会を作ることはできないかと考えました。この授業で児童は、オリンピックシンボルマークを描いたり、それぞれの輪の意味を考える思考活動を行います。また、過去にオリンピックに参加できなかった出来事を題材に平和や友情についての協働的な学びを通して考えを深めます。歴史的な事実を活かした活動から、2020年に東京で開催されるオリンピックについて、さらに学習を深めます。

　過去のオリンピックエンブレムを扱った活動では、エンブレムに込められた想いを色や形などから想像し、お互いの意見を交換して考えます。さまざまなオリンピックエンブレムから自分の気に入ったエンブレムを選び、その理由を表現する活動では、自然な英語での発話につながります。最後に自分で考えたエンブレムをALTと協力して伝える活動で単元を終えます。

小学校外国語教育における CLIL 授業　『世界と日本─オリンピック』

1 指導者　　小学校学級担任（英語指導者、ALT）

2 対象学年　5、6年生

3 外国語活動と教科内容の関わりについて

本授業は、総合［国際理解］、社会［世界とつながる栃木県（4年）］、社会［世界の中の国土（5年）］、社会［日本とつながりの深い国々、世界の未来と日本の役割（6年）］などと関連づけており、「オリンピック」につながる内容を学びながら、必然的な英語表現を使う工夫をし、内容と言語の統合を図っている。

4 単元目標

［科目内容］

総合：国際理解に関する内容を通して平和・友情について考える。

社会：世界の国々を知り、日本とのちがいなどを考えながら世界とのつながりについて関心を持つ。

［英語学習］

- 世界の衣食住やオリンピックについて知り、日本との違いを考えた上で、知りたいことや伝えたいことを聞いたり言ったりすることができる。（知識／技能）
- 簡単な英語表現で、オリンピックエンブレムについて考えたことを、声に出して表現したり、友達とやり取りしたりする。（思考力、判断力、表現力等）
- 世界とのつながりを意識しながら、英語表現を使う場面で積極的に声を出し、人と関わろうとする。（学びに向かう力、人間性等）

5 単元評価規準

- 世界の国々の衣食住やオリンピックの話題について関心を持って聞き、知りたいことや伝えたいことを聞いたり言ったりすることができる。
- オリンピックエンブレムについて考えたことを、簡単な英語表現を使って、声に出したり、友達とやり取りしたりしようとしている。
- 世界の国々と日本のつながりについて考え、友達とのやり取りを通して、世界のなかの一員としての自分に気づくことができる。

6 学習言語材料

語彙：世界の国々を表すことば：Japan, United States of America, etc.
　　　　オリンピックエンブレムに関することば：color, shape, red, blue, yellow, etc.
　　　　世界との交流を表すことば：connect, peace, friendship, etc.

表現：世界の国についての問い・答える表現：Where is this country?
　　　　エンブレムについて問う表現：What color (shape) is this? It is ....
　　　　気持ちを問う表現：How do you feel? What do we need?

7 配当時間と単元内容

1時間目　「世界の国々を知ろう」（社会、総合的な学習の時間との統合授業）

2時間目　「オリンピックについて知ろう」（社会、総合的な学習の時間との統合授業）

3時間目　「エンブレムを考えよう」（社会、総合的な学習の時間との統合授業）

8 CLILの4Csとの関連

4Cs ＼ 時限	1時間目	2時間目	3時間目
Content 内容	What country is this? 日本とつながりのある国はどこだろう？	How do you feel? オリンピックについてどう思う？	Let's think about the Olympic emblem. 自分が考えたオリンピックエンブレムを描こう。
	社会（日本とつながりの深い国々） 総合的な学習の時間	社会（日本とつながりの深い国々） 総合的な学習の時間	社会（日本とつながりの深い国々） 総合的な学習の時間
Communication 学習言語	学習の言語 世界の国を尋ねる表現 What country is this? It is Japan, etc. 衣食住を表す言葉 wear, have, eat, live, etc. We have pizza. 学習のための言語 Where is this country? Do you like …? 学習を通しての言語 世界の国々について、準備した語彙以外の単語、既習の色・形の表現	学習の言語 スポーツについての表現 sports, skate, medal オリンピックについての表現 play, like, etc. 学習のための言語 How do you feel? What do we need? Work in pairs/groups. Let's draw Olympic symbol. 学習を通しての言語 競技の未習単語、その他活動のなかで起こる対話の表現等、What's this? Is this OK?	学習の言語 エンブレムについての表現 famous, like, simple, good emblem 学習のための言語 Let's think Olympic emblem. What color (shape) is this? It is …. 学習を通しての言語 エンブレムを考える活動において、児童が英語で表現したい語彙、既習の表現
Cognition 思考活動	認識 列挙 推測 統合 世界の国々の衣食住について考える。世界と日本の違いについて考える。	定義 想像 発見 判断 オリンピックシンボルの形と色を考える。それぞれの色が何を表すか考える。オリンピックに込められた思いを考える。	認識 描写 構成 産出 エンブレムの意味について考える。東京オリンピックのエンブレムを考えて描く。
Culture 文化・国際理解 / **Community** 協学	Solo → Group 世界の国々について考える。 Pair 聴き取り。ワークシートの確認。 Class 全体で意見交流。	Solo → Group オリンピックシンボルを考えて書く。 Class 全体で意見を交流。	Solo エンブレムの意味を考える。 Group エンブレムを創作する。

9 授業展開

1時間目 「日本とつながりのある国はどこだろう？」

Content（学習内容） 社会、総合的な学習の時間との統合学習

時間	Content （学習内容）	Communication （教師）
2分	挨拶	Hello, how are you? Let's learn English! 本時の学習についてのスモールトークを行う。
5分	導入 ピクチャーカードで どこの国かを考え る。	各国の観光地カードを黒板に並べる。 Look at these picture cards. **What country is this?** 「どこの国でしょう？」 **It is Japan.** This is Mt. Fuji. その国に関連する食べ物やスポーツについて質問する。 This is sushi and tempura. This is Judo. Let's say that in English. ジェスチャーをしながら、英語表現を導入する。 世界地図を掲示し、国の場所を考える。 **Where is this country?** 同様にしてほかの国についても導入する。 それぞれの国のスポーツや食べ物への関心を高める。 **Do you like ...?** 教師側も自己開示し、児童の意欲を喚起する。 本当の話題でインタラクションを行う。 ┌─────────────────────────┐ 導入で紹介した世界の国々の例 日本　中国　韓国　アメリカ　ブラジル　イタリア　イギリス └─────────────────────────┘

用意する教材・教具：国旗カード、各国の有名な観光地・食べ物カード、ワークシートなど
ターゲットとなる英語表現（学習の言語）
語彙：wear, have, eat, live, etc.
表現：What country is this? Where is this country? Do you like ...?

Communication （児童）	Cognition （思考）	Culture / Community （文化理解 / 協学）
Hello, Mr./Ms. .... I'm fine. OK!	[理解]（話を聞く） 意欲を喚起する。	
すべての観光地カードを見て、どこの国か考える。 「あの写真に関係するのは日本だよ？」 「アメリカかな？」 「イタリアかもしれないよ。」 教師の後について声に出す。 ジェスチャーしながら身体で発音と意味を理解する。	[理解]（話を聞く） 世界の国について興味を持ち、教師の英語を聞きながら、国の名前や観光地・食べ物・スポーツに関する英語表現を理解する。 [推測] [列挙] 英語を聞くことを通して、少しずつ推測しながら、国の名前を考える。観光地や食べ物・スポーツの名前を理解する。	[Class] クラスのほかの児童と一緒に考えながら、英語の意味を理解する。
Where is this country? 教師の英語を聴き、その国が地図上でどこに位置するかを考える。隣の人と指した場所を確認し合う。 関係するスポーツや食べ物が好きかを尋ねたりそのことに対しての個人個人の思いを教室英語でやりとりしたりする。	[推測] 地図上のどこに位置するかを既習の知識を活かして考える。 [判断] 自分が好きなスポーツや食べ物について考え、表現する。	[Pair] 答えを確認し合う。 [Pair] 答えを確認し合う。

1時間目 「日本とつながりのある国はどこだろう？」（社会、総合的な学習の時間との統合学習）

➡ 前ページより

時間	Content （学習内容）	Communication （教師）
10分	**活動1** 社会、総合 Sinkeisuijyaku ゲームで世界の国々について知ろう。	Now, let's play shinkeisuijyaku game. Let's make groups. 国旗とスポーツカード、食べ物カード、観光地カードがマッチするようにカードめくりゲームを行う。 めくるときに What card do you want? と尋ねる。児童は、I want pizza. などと答えるように促す。 カードめくりに来た児童へ Do you like ...? と尋ねたり、簡単な英語のやりとりを行う。
13分	**活動2** 社会・総合 宇都宮市や栃木県の姉妹都市や友好都市について知ろう。	「日本（宇都宮市）とつながりのある国はどこだろう？」 世界地図を見せながら、姉妹・友好都市関係を結んでいる国がいくつあるか予想させる。 How many countries do we connect? It's 4 countries. 3 hint quiz で関係する国を当てていく。 外国人留学生について紹介し、身近な話題であることを認識させる。 I will introduce about ____. He is seventeen years old. He likes soccer. He plays soccer very well. And _____. 日本とつながっている世界がつながっていること実感させる。
	ふりかえり・まとめ	Let's look back at today's lesson. How was that? 児童の活動を褒めて終わる。 You did a wonderful job! That's all for today. See you, everyone!

Communication （児童）	Cognition （思考）	Culture / Community （文化理解 / 協学）
黒板の国旗とスポーツ、食べ物、観光地がつながるようにやりとりをしながら、カードゲームを進める。 【例】I want pizza (card). 前に出たときに Do you like ...? を訊き、Yes, I do. / No, I do not. などと答える。	推測 理解 ゲームに参加しながら、英語を聞き取り、国やスポーツに関する英語表現を理解する。	Group 友達と協力して、何のカードが必要かを考える。
日本（宇都宮市）と関係ある国はどこか考える。 「アメリカかな？」「近い国かもしれないね。」 「いくつぐらいあるのかな。」 教師のヒントを手がかりに、どこの国か考える。 外国人留学生についての話題に触れ、世界との身近さを感じることができる。 外国人留学生について疑問に思ったことを質問する。	推測 洞察 教師のヒントを聴きながら、今までの学習との関わりを想起し、どこの国か考える。	Class Solo Pair 日本（宇都宮市）と関係ある国が世界にはあるということに気付き、日本とのつながりを考えさせる。 姉妹友好都市 オークランド（ニュージーランド） チチハル（中国） オルレアン（フランス） タルサ（アメリカ） ピエトラサンタ（イタリア）
感想や学べたことなどを共有する。 Thank you, Mr./Ms. .... Good-bye!	総合 世界の国々について学んだことをふりかえる。	Class 自分の考えとほかの児童の考えを比較する。

2時間目 「オリンピックについてどう思う？」

Content（学習内容） 社会、総合的な学習の時間との統合学習

時間	Content （学習内容）	Communication （教師）
2分	挨拶	Hello, how are you? Let's learn English! 本時の学習についてのスモールトークを行う。
5分	導入 ピクチャーカードで どこの国かを考え る。	オリンピックのアスリート画像を使い、スリーヒントクイズや部分見せなど を行って選手名やオリンピック種目名を考えさせる。 出された種目について Do you like ...? **Can you play ...?** Who likes skating? などと尋ね、インタラクションを行う。 多くのスポーツの話題を出すことでオリンピックに興味を持たせる。 紹介したオリンピック種目の例：2014ソチオリンピックより スノーボード、スキージャンプ、フィギュアスケート、スピードスケート、アイスホッケー、カーリング、ボブスレー、リュージュ etc.
15分	活動1 社会、総合 オリンピックシンボ ルを考えよう。	・オリンピックシンボルマークを描かせる活動を通して、五輪の意味について 　やりとりを行う。 ・5色の色について What colors are there? と聞きながら、その意味について 　考えさせる。 ・それぞれの色が表していることを児童同士の協同学習により、課題解決へ 　と迫らせる。 ・5色の意味と五大陸がつながり合うことの意味を知らせる。

用意する教材・教具：国旗カード、スポーツカード、ワークシートなど
ターゲットとなる英語表現（学習の言語）
　語彙：play, like, sports, skate, medal, feel, need, draw etc.
　表現：How do you feel? What do we need?

Communication （児童）	Cognition （思考）	Culture / Community （文化理解/協学）
Hello, Mr./Ms. .... I'm fine. OK!	理解 （話を聞く） 意欲を喚起する。	
オリンピックの日本代表選手の画像から、オリンピックで行われている種目に興味を持つ。 Yes I do. I like skating. Yes I can. / No I can not. etc. 自分が好きなスポーツの質問に挙手する。 教師とスポーツについてのインタラクションを行う。 オリンピックの種目になっていることを知り、オリンピックへの興味を持つ。	理解 （話を聞く） オリンピックの競技種目について興味を持ち、教師の英語を聞きながら、スポーツに関する英語表現を理解する。 推測 列挙 英語を聞くことを通して、少しずつ推測しながら、オリンピック種目に関する情報を理解する。 判断 自分が好きなスポーツについて考え、表現する。	Class クラスのほかの児童と一緒に考えながら、英語の意味を理解する。 Pair 答えを確認し合う。 Pair 答えを確認し合う。
・五輪マークの絵を描く。 ・オリンピックの五輪の意味について、自分の考えを持ち、友だちと協力して考える。	推測 理解 オリンピックシンボルの形や色の組合わせを考える。	Solo Group 友達と協力して、色と形の組合わせを考える。

2時間目 「オリンピックについてどう思う?」（社会、総合的な学習の時間との統合学習）

前ページより ➡

時間	Content （学習内容）	Communication （教師）
10分	活動2 社会・総合 宇都宮市や栃木県の姉妹都市や友好都市について知ろう。	・2020年にあるビッグイベントが何かを考えさせる。 過去に行われたオリンピックを紹介し、世界のどの場所で行われたかを世界地図で確認していく。 **Where is this country?** 過去にオリンピックに参加できなかったときの動画を見せ、2020年の東京オリンピックで世界がつながることの大切さに気づかせる。 オリンピックシンボルマークを破り、オリンピックへの思いが断たれたことを感じさせる。 **How do you feel?** **What do we need?** 平和・友情という言葉を導き出し、色でイメージする活動を行う。 **What color is peace?** etc.
	ふりかえり・まとめ	Let's look back at today's lesson. How was that? 児童の活動を褒めて終わる。 You did a wonderful job! That's all for today. See you, everyone!

五輪シンボルマークについて考えよう！

Class _____ Name _____

1 五輪シンボルマークを描いてみよう。

2 それぞれの色が何を表しているかグループで話し合おう！
 Blue   Yellow
 Black   Green
 Red

3 どのエンブレムがよいか選び、理由を考えよう！

4 東京オリンピックのエンブレムを考えよう！

Communication （児童）	Cognition （思考）	Culture / Community （文化理解 / 協学）
過去に参加できなかったオリンピックの事実を知り、世界とのつながりを感じる。 「何でオリンピックに参加できないの。」「オリンピックへ向けてがんばった選手がかわいそう。」 感情カードで自分の気持ちを表現する。 happy, sad, angry, good, so-so, etc. 東京オリンピックへ向けて、自分たちができることや必要なことについて考える。 2020年に東京で行われるオリンピックで、自分はどんなふうに関わりたいかをグループで話し合う。 **It is white / green / blue / pink.**	推測 オリンピック開催地の場所を既習の知識を活かして考える。 推測 洞察 教師のヒントを聴きながら、今までの学習との関わりを想起し、どのようにしたらよいかを考える。	Class 世界各地で行われているスポーツの祭典であることを理解する。 Group 東京で開催されるオリンピックにどのように関わるかを話し合うことで世界とのつながりを理解する。
感想や学べたことなどを共有する。 Thank you, Mr./Ms. .... Good-bye!	総合 オリンピックについて学んだことをふりかえる。	Class 自分の考えと他の児童の考えを比較する。

3時間目 「自分が考えたオリンピックエンブレムを描こう」

Content（学習内容） 社会、総合的な学習の時間との統合学習

時間	Content （学習内容）	Communication （教師）
2分	挨拶	Hello, how are you? Let's learn English! 本時の学習についてのスモールトークを行う。
20分	導入 ピクチャーカードでどこの国かを考える。	本時のテーマに触れさせる。 好きなスポーツについてのやりとりをするなかで、教師が興味を持っているものを知らせる。 児童に好きなスポーツを聞く。 What sport do you like? 2016年のリオ・オリンピックの話題へとつなげる。 **Let's think about the Olympic emblem.** （オリンピックエンブレムについて考えよう！）

142

用意する教材・教具：過去のエンブレムカード、エンブレム候補一覧・ワークシートなど
ターゲットとなる英語表現（学習の言語）
　語彙：famous, like, simple, good, emblem, etc.
　表現：Let's think about the Olympic emblem. What color (shape) is this?

Communication （児童）	Cognition （思考）	Culture / Community （文化理解／協学）
Hello, Mr./Ms. .... I'm fine. OK!	理解 （話を聞く） 意欲を喚起する。	
スポーツをテーマにした話を聞きながら自分の好きなスポーツをイメージする。	理解 （話を聞く） 好きなスポーツを考え、オリンピックの種目とのつながりを考える。	Class クラスのほかの児童と一緒に考えながら、英語の意味を理解する。
I like soccer. 好きなスポーツを答える。 「サッカーが好き。」「わたしは、バスケットボールが好き。」	推測 列挙 英語を聞くことを通して推測しながら、過去のオリンピックエンブレムの意味を理解する。	Pair 答えを確認し合う。
	判断 色や形の組み合わせから、オリンピックエンブレムが表わしていることについて考える。	Pair 答えを確認し合う。

3時間目 「自分が考えたオリンピックエンブレムを描こう」（社会、総合的な学習の時間との統合学習）

前ページより ➡

時間	Content （学習内容）	Communication （教師）
10分	**活動1** 社会、総合 オリンピックエンブレムの意味を知ろう。	オリンピックエンブレムから、色や形についてインタラクションを行う。 **What color (shape) is this?** 色や形、意味に興味を持たせるようインタラクションを多く取り入れる。 snowflakes, fire, water, flower, coast, bay, etc. 日本語で答えたときは、HRTが英語で言い直し、多くの英語を聞かせる。 過去のオリンピック開催地が世界地図のどこかを尋ねる。 **Where is this** country?
10分	**活動2** 社会・総合 オリンピックエンブレムを考えよう。	板書を活用し、次のオリンピックはいつ、どこで行われるかを尋ね、東京オリンピック・パラリンピックへの関心を高める。 **Which emblem do you like?** 2020東京オリンピックのエンブレム候補作品を見て、どのエンブレムがよいかを考えさせる。 ・日本での開催ということの意味を考えさせ、エンブレムを選んだ理由も考えさせるようにする。 エンブレムを選んだ理由を考え、ペアで意見交換をすることで、いろいろな考え方に気づかせる。
	ふりかえり・まとめ	Let's look back at today's lesson. How was that? 児童の活動を褒めて終わる。 You did a wonderful job! That's all for today. See you, everyone!

Communication （児童）	Cognition （思考）	Culture / Community （文化理解 / 協学）
リオや過去のオリンピックエンブレムから色や形・意味することを考え、やり取りをする。 「赤や青、緑もあるね。」 「形もおもしろいね。」 「雪の結晶に見えるよ。」 China, Canada, America, Korea, etc.	推測 理解 教師とのやりとりから英語を聞き取り、エンブレムの表現を理解する。 判断 開催地の場所を教師とのやりとりから英語を聞き取り、エンブレムの表現を理解する。	Group 友達と協力して、オリンピックエンブレムの意味を考える。
2020東京オリンピックのエンブレムを考える活動を通して、コミュニケーションを図ろうとする。 (1) 候補作品から自分の気に入ったエンブレムを選ぶ。 (2) TOKYOオリンピックのエンブレムを選んだ理由を伝え合う。	判断 表現 エンブレムを選んだ理由を今までの学習との関連から考え、簡単な英語表現を使って友達に伝える。	Class Solo Group エンブレムを選んだ理由を友達と意見交流するなかで、よりよいエンブレムを選ばせるための話合いを行わせる。
感想や学べたことなどを共有する。 Thank you, Mr./Ms. .... Good-bye!	総合 オリンピックエンブレムについて学んだことをふりかえる。	Class 自分の考えとほかの児童の考えを比較する。

10 指導案をもとに実施した授業例と省察

① CLILは児童にグローバル（国際理解）な視点を育ませる絶好の機会となる

　CLILの「内容」は、多岐にわたり、内容によっては、児童にグローバルな視点を自然に提供することが可能となります。本単元の実践では、オリンピックシンボルの意味やエンブレムに込められた開催国の思いに触れさせることで、平和や友情について人類がともに考えることの大切さを学ぶ教材となっています。一人一人の平和への思いがオリンピックの意義と重みになり、学びを進めていくなかで児童はグローバルな視点を身につけることが可能となります。このように本当の話題を元に学習を進めることで必要な言語の習得と定着が図られています。

② CLILは自己関連性のある内容を扱うことで、発話への自然なプロセスを保証し、積極的なコミュニケーションを促す

　CLILで扱う内容が、本物・本当のことであるという事実が自分と世界との関係について深く考える機会を保証します。内容が自分とつながりがあるという点が重要です。ともすると言語の習得に重きを置いた授業は、学んでも児童に定着する確率が低い傾向にありますが、自分の生活や考えと学習内容につながりを感じることによって児童は自ら学ぼうとします。話題が他人事ではないということが重要です。児童は自分の課題として捉え、よりよい方策を見つけるために自然な思考を行います。児童の感想に「考えるときにいろいろな英語を使った」とあるように、思考のなかに使われた新しい英語が児童にしっかりと定着していると感じることができました。自己関連性のある意味のあるやりとりを行うことでそれはしっかりと身についていました。

③ CLILは深い思考活動と協働的な学びを促し、学習意欲の継続性を確保する

　CLILの実践で忘れてはならないのが、深い思考力を必要とする点です。Display questionからReferential questionへの流れが活動において自然に行われています。思考活動があることによって児童は、真剣に課題を追究する意欲を継続させます。自分の考えと友達の考えの違いや共通点を見つけることで思考はさらに深まります。表面的なやりとりに終始しがちな英語活動の実践も思考活動と協働的な学びを通してより深い思考を伴う学びへと転換していきます。これこそがCLILの良さであり、教科化へ向けた英語科の実践の支えとなっていくものでしょう。これらの学習を行った児童は、学びへの意欲を継続させグローバルな視点で物事を捉える力を培っていけることでしょう。

8

『アフリカに日本の未来がある』Let's learn from Kenyans!

社会、国語、家庭科、道徳、総合的な学習の時間と関連したCLIL授業

大城戸玲子

背景

　平成30年度に、外国語活動が移行措置として3年生から始まりました。以前より多くの教師が外国語活動に関わります。私の勤務する市では、市が契約した会社からALTが派遣されます。事前に指導案や指導の流れを伝え、電子黒板などを使いながらALTと授業を進めています。しかし、多忙な現場において、ゆっくりと、学年で共通の指導案を作る時間を生み出すのはたいへんです。

　私はこの間、ESTEEM（小学校テーマ別英語教育研究会）やCLILの研究者と一緒に勉強する機会を得ることができました。ESTEEMでは、児童（子どもたち）がじっくり考えるテーマ別学習があり、そして、そのなかで新しい言語に出会う楽しさがありました。私もそんな学びを児童と創っていきたいと思うようになりました。児童の学びの要求に応えるには、どの教科に対しても深い教材研究が必要です。外国語教育という新しい分野は一からのスタートです。戸惑いのなかで、児童と学びをつくる楽しさを思いながら、テーマと英語表現の関連づけについて試行錯誤しながら、進んでいるのが現状です。

　この学習は公立小学校の5年生の児童と行ったものです。ケニア出身のALTとの出会いを契機に、児童の興味をアフリカのケニアに向け、学習を進めることができるように、単元を構想し始めました。またALTの経験や人となりを児童が感じられるものにできないかと考えました。「ケニアの子どもたちはどんな暮らしをしているの？」「学校は日本と同じ？」「将来の夢は？」など1学期はケニアの同年代の子どもの日常や食糧問題からケニアをみつめました。児童の視線はケニアの困難さに向いていました。確かに困難な状況はあるのですが、それでは、日本は本当に豊かなのだろうかという問いを投げかけました。「Unbowedへこたれないワンガリ・マータイ自伝」を題材に、経済発展優先の後に取り残された環境や民主主義への道のり、戦争責任やジェンダーなどを児童と考え、ケニアを通して自分たちの状況を見つめ直す学習にもしていきたいと思いました。テーマを「アフリカに日本の未来がある」に設定した授業が本実践です。児童が自分たちの関心をつなぎ合わせ生き生きと学習を進められるように、社会の「食料生産」「環境」、道徳の「ワンガリ・マータイさん」、国語の「森林のおくりもの」、家庭科の「栄養のはたらき」を関連づけました。その中の3時間分の指導案です。

小学校外国語教育におけるCLIL授業 『アフリカに日本の未来がある』

1 指導者　　小学校学級担任、ALT

2 対象学年　5年生

3 外国語活動と教科内容の関わりについて

　　本単元は、社会（食料生産、5年　環境、4年）で学習した内容、家庭科（栄養のはたらき）、国語（森林のおくりもの）、道徳（ワンガリ・マータイ）、そして総合的な学習の時間（ケニアプロジェクト）を並行して行った。

4 単元目標

　［教科及び総合的な学習の内容］

- 5年で学んだ社会「食料生産」と4年で学んだ環境を統合して問い直すことで日本が置かれている環境問題について多面的に捉えることができる。
- 総合的な学習では「ケニアプロジェクト」を設定し、ケニアの子どもたちの暮らしや食料事情について理解を深めると同時に、食文化や歌などを通してケニアの「思い」について心をつなげることができる。
- 国語で学習した森林事情をグローバルな視点で捉えることができる。
- 道徳で「ワンガリ・マータイさん」を読み、日本にある「もったいない」「respect（敬意）」という文化に改めて出会い、自分たちの今を問い直すことができる。

　［英語学習］

- 国（産地）や食品、調理道具や調理方法等を聞いたり、言ったりすることができる。（知識／技能）
- 1週間分の食料を比較して、見えてくる環境問題を英語表現を交えながらグローバルな視点で話し合う。（思考力、判断力、表現力）
- レストラングローブのメニューをグループで考え、メニューを書いたり、プレゼンテーションしたりして、伝え合う楽しさを味わう。（学びに向かう力、人間性等）

5 単元評価規準

- 国（産地）や食品、調理道具や調理方法などについて聞いたり言ったりすることができる。
- 他国を知ることで自分の国の環境問題に気づき、関心を持って伝え合おうとしている。活動のなかで、比較したり推測したりしながら理解を深めようとしている。
- 自分たちが取り組める一歩を積極的に考え合ったり伝え合ったりしようとしている。

6 学習言語材料

　語彙：食品、産地、国名を表す言葉、包装・容器を表す言葉、環境の視点で食品を表す言葉など

　表現：What is this? It's .... What graph is it? What country is it?
　　　　　Where is the country? What is important? etc.

7 配当時間と単元内容（本指導案は4・5・6時間目の3時間分である）

　　1時間目　「ケニアを知ろう」　　　　　　　2時間目　「ケニアの食を知ろう」

　　3時間目　「チャパティを作ろう」　　　　　**4時間目　「食料からゴミがみえてくる」**

　　5時間目　「私たちの食材はどこから」　　**6時間目　「レストラングローブの開店」**

　　7時間目　「メニューを発表し合おう」　　　8時間目　「森林の向こうに」

8 CLILの4Csとの関連

時限 4Cs	1時間目	2時間目	3時間目
Content 内容	What country is this? Compare these pictures. どこの国の食料品だろう？ 比べてみよう！	Which country is the best? 食料依存率やフードマイレージの最も多い国はどこか考えよう！	Let's open "Restaurant Globe". 地球にやさしいレストラングローブを開こう！
	社会（環境）	社会（食料自給率）	家庭科（栄養素）
Communication 学習言語	〔学習の言語〕 食べ物 potato, tomato, watermelon red onion, etc. 国名 Egypt, Japan, Germany, etc. 包装容器 milk carton, plastic bottle, styrofoam tray, etc. 〔学習のための言語〕 What country is this? Where does the garbage go? Which country burn the most garbage? 〔学習を通しての言語〕 国名や包装容器について、準備した語彙以外の単語	〔学習の言語〕 国名 the Philippines, Australia Indonesia, etc. 食べ物 beef, pork, carrot, shrimp, banana, etc. Where is beef from? Beef is from …. 〔学習のための言語〕 What graph is it ? What country is ranked first? Do you know the food mileage? Let's calculate the food mileages. 〔学習を通しての言語〕 既習の数字表現から大きな数への広がり	〔学習の言語〕 メニュー fried egg, miso soup, rice ball, etc. メニュー作りの視点 food mileage, freshness, nutritional balance, etc. 発表のための話型 We are Group 1. Our original menu is from … The food mileage are … 〔学習のための言語〕 What is important? Let's make an original menu. 〔学習を通しての言語〕 食品やメニュー
Cognition 思考活動	〔推測〕〔列挙〕〔比較〕〔分別〕 3つの国の食料品を比べ、日本の包装容器の多さに気づく。ごみの燃焼量のグラフから1位の国を推測する。	〔定義〕〔推測〕〔分析〕〔統合〕〔計算〕 食料依存率とCO_2の排出量の関係をフードマイレージという新しいものさしで考える。	〔表現〕〔統合〕〔創作〕〔計算〕 地球や体にやさしいメニューを考え、発表する。
Culture 文化・国際理解 / **Community** 協学	〔Pair〕 聴き取り。発音確認。 〔Class〕 全体で意見交流。	〔Solo〕→〔Group〕 食料依存率の最も高い国を考える。 〔Class〕 全体で意見交流。	〔Group〕 レストランメニューを考え、発表の準備。 〔Class〕 それぞれの工夫に学ぶ。

9 授業展開

4時間目

「食料からゴミが見えてくる」
Which country burn the most garbage?

Content（学習内容） 社会との統合学習

時間	Content （学習内容）	Communication （教師）
3分	挨拶	Let's start our English lesson. Jambo! Habari? Let's sing a Kenyan song.
12分	導入 1週間分の食料の写真を掲示	エジプトの1週間分の食料写真を掲示する。 What is this picture? ある国の1週間分の食料だということを話す。 What's this? 日本語との違いを意識させながら発音していく。 **It's a potato / a tomato / a watermelon / a red onion.** What country is this ? It's Egypt. 地図上で示しながら、ケニアの食料とよく似ているエジプトの食卓であることを話す。 日本の1週間分の食料写真を掲示する。 What country is this? Compare these pictures. That's right. This is Japanese food. 包装や容器について実物を見せながら英語表現を導入する。 What's this? This is a styrofoam tray/a plastic bottle/a milk carton/an aluminum can/a steel can/jar/plastic wrap. いつ頃、どこで開発されたのかも予想させ、紹介する。
	どこの国の写真でしょう。	
	活動1 2枚の写真を比べてみましょう。	

用意する教材・教具：3つの国（エジプト・日本・ドイツ）の1週間分の食料写真、ゴミ燃焼量のグラフ等
ターゲットとなる英語表現（学習の言語）
  語彙：a potato, a tomato, a watermelon, a red onion, a styrofoam tray, a plastic bottle, etc.
  表現：What country is this? It's a ... etc.

Communication （児童）	Cognition （思考）	Culture / Community （文化理解/協学）
Nzuri. Asante.	記憶 （スワヒリ語の挨拶を思い出す） 意欲を喚起する。	Class 一斉
たくさんの食べ物が並んでいる。 わあ、こんなに食べるの？ 「ジャガイモ」「トマト」「スイカ」「赤いたまねぎ」 教師の後について声に出す。 インドかな。頭にターバンを巻いているな。 日本とよく似た食べ物もあるね。	推測 今からどんな学習が始まるのか推測しながら写真を見る。 列挙 理解 日本語と違う発音を意識しながらリピートする。	Class クラスのほかの児童と一緒に考えながら、推測する。 Solo Pair Class ひとりひとりが自信をもって発音できるように、ペア活動に取り組む。
お米があるよ。 見なれた感じだね。 パックに詰められたものが多い。 冷凍食品やカップめんもある。 エジプトにはなかったね。 日本かな？	比較 パックや包装に着目しながら、どこの国か考える。	Class みんなで見つけたことを重ねながら「日本」にたどりつきたい。
発泡スチロール？ サランラップは、プラスティツクラップっていうんだ。 1950年頃から発泡スチロールってあるんだ。 日本で開発されたものもあるんだ。	列挙 理解 英語を聞くことを通して包装・容器に関する英語表現を理解する。	Class 日本語と英語表現を比べながら理解する。

4 時間目 「食料からゴミが見えてくる」Which country burns the most garbage?（社会との統合学習）

前ページより ➡

時間	Content （学習内容）	Communication （教師）
10分	**活動2** 3枚目の写真はどこの国でしょう。	ドイツの食卓の写真を提示し、比較させる。 What country is this? It's Germany. Where?
20分	**活動3** これらの包装・容器はどうなるのでしょう。	いろいろな容器を見せながら、 Where does the "garbage" go? Yes, we recycle/reuse/ burry/burn. Do you remember the 3Rs? 5Rの取組についても紹介する。 Do you know "refuse"/"repair".
	これは何のグラフでしょう。	グラフを掲示しながらたずねる。 What is this? ゴミの燃焼量の国別グラフであることを話しながら、No.1を推測させる。 Which country burns the most garbage? What about Japan? No.1が日本であることを伝える。 地球温暖化へ関心が向くようにしたい。
10分	**活動4** 絵本を読みます。	絵本　田島征三「やまから　にげてきた　ごみをぽいぽい」を読み、感想を聞く。

Communication （児童）	Cognition （思考）	Culture / Community （文化理解/協学）
アメリカ？ フランス？ 日本みたいにいろいろなパックが使われていなくて、ビンが多い。 ドイツか！ヨーロッパ。	比較 包装がなく、容器はリサイクルされていることに気づく。	Class みんなで考えを出し合い、環境問題に取り組む「ドイツ」に着目する。
ビン・缶はリユースされる。 牛乳パックはリサイクルされる。発泡スチロールも。 ゴミになって埋められる。燃やされる。 リユース、リデュース、リサイクル。 まだ使えるものを修理して使うこともゴミを減らすことになるんだな。	分別 想起 4年時のゴミの学習を思い出しながら地球温暖化について思い出す。	Class リユース、リサイクル、リデュースの違いをみんなで確認しながら、さらに5Rへと理解を進める。
ゴミに関係あるのかな。 人口の多いアメリカかな。中国かな。 日本は、人口が少ないし、低いんじゃない？ えっ、日本！ 包装容器が多いからかな。 ゴミをたくさん燃やしているということは、CO_2が増えるということだ。 地球温暖化にもつながるね。	推測 関連 低位から見ていきながら日本の立ち位置について考えていく。 また、ゴミの燃焼はCO_2発生につながることを関連づけていく。	Group Class まず、ペアで自分の考えを話しながら、クラスでまとめていく。クラスみんなの考えをまとめた上で、ランキングを聞く。
ゴミの問題はCO_2だけじゃない。地球に生きている生物全体が苦しんでいるんだ。	理解 ゴミの問題がいろいろなことに波及していることに気づく。	Class 感想をクラスで共有し合うことで深める。

「わたしたちの食材はどこから来ているの？」
Where is this food from?

Content（学習内容） 社会との統合学習

時間	Content （学習内容）	Communication （教師）
2分	挨拶	Hello, everyone. Jambo! Habari! Let's sing a Kenyan song.
13分	導入 CO_2を排出するものはゴミ燃焼の他にどんなものがあるでしょう。	前時を想起させながら We burn a lot of garbage. We put out much CO_2 when we burn garbage. Anything else? Yes, that's right. We put out much CO_2 from cars, factories and so on. （電気を使っていることも火力発電で石油を燃焼させているのでCO_2排出につながっていることを知らせる。）
	食糧依存率とCO_2の関係を考えよう。	食糧依存率のグラフを提示しながら Look at this graph. What graph is it? 食糧依存率のグラフであることを知らせ、CO_2の排出との関係を考えさせる。 輸入が多いということ→輸入に使うのは？とスモールステップでつなぎながら迫っていく。 That's right. Good job.
	食糧依存率No.1はどこの国でしょう。 （8国グラフ）	What country is ranked first? 7か国（アメリカ、フランス、ドイツ、イギリス、イタリア、韓国、日本）7位から順に発表していきながら驚きをもって日本を知るようにする。 It's Japan.

用意する教材・教具：食糧依存率グラフ、フードマイレージグラフ、地図、電卓、メニューカードなど

ターゲットとなる英語表現（学習の言語）
　語彙：put out, from cars, from factories, banana, beef, Australia, Philippines, food mileages, etc.
　表現：What is this graph? What country is this?

Communication （児童）	Cognition （思考）	Culture / Community （文化理解/協学）
Nzuri. Asante.	[記憶] ケニアの挨拶を思い出す。	[Class] みんなで歌う。
車からのCO₂。 工場からも出ていると思う。 冷房や暖房も関係あるんじゃない？ 電気製品はいっぱいあるね。	[理解] 車づくりの学習を思い出したり、生活のなかでも間接的にCO₂を排出していることを理解する。	[Class] みんなで考えを出し合い、自分たちの生活を見つめ直す。
CO₂の排出量のグラフかな？ 社会で学習したね。自給率の裏返しだ。 それって、CO₂と関係があるの？ どういうこと？ わかった。外国からだと、船や飛行機を使う。 遠くからだとCO₂も多くなる。	[推測][分析][統合] CO₂と食糧依存、今まで別々にとらえていたものを結びつける大事な場面	[Pair][Group] ペアトークからグループへと思考を深めていく。
日本は自給率が低いから依存率は高いと思うけど1位じゃないだろう。」 やっぱり人口の多い国かな？ アメリカかな？ えっ、日本！	[想起] ランキング発表時は国旗を見て当てる。	[Solo][Group] ワークシートに自分の予想を書き、グループで話しながら、結果を見る

5時間目 「わたしたちの食材はどこから来ているの？」Where is this food from? （社会との統合学習）

前ページより ➡

時間	Content （学習内容）	Communication （教師）
10分	**活動1** 調べてきたことを発表しよう。	児童が発表したことを英語表現で返し、リピートを促す。 Banana is from the Philippines. Beef is from Australia. Shrimp is from Indonesia. ... What do you think?
	フードマイレージとCO₂の関連を考えよう。	Do you know "food mileage"? フードマイレージは「食料の重さ（t）×距離（km）」で表されたものであることを知らせながら、マイレージが多いということCO_2の関連を捉えさせる。
	今度は何のグラフでしょう。	フードマイレージの国別グラフを提示しながら、 Look at this bar graph. Which country is the most? Yes, Japan is.
20分	**活動2** この食材でどんな料理メニューができるでしょう。このフードマイレージを計算しよう。	食材をひとつずつ提示しながら What's this? That's right. What's the menu? Let's calculate the food mileage. Where is beef from? Yes, it's from Australia. Beef from Australia. 実際は、t×kmだが、ここではg×kmで計算することとする。 100 g × 8,701km ＝ 870,100p
	環境にやさしいレストランを開こう。	Let's open the "Restaurant globe".
	ふりかえり	Let's get ready for "The Restaurant globe". 広告の食材を使ってメニュー作りをするので、広告を集めておくよう話す。

156

Communication （児童）	Cognition （思考）	Culture / Community （文化理解 / 協学）
バナナがフィリピン産でした。 牛肉はオーストラリア産。 エビはインドネシア。 実際、調べてみると、けっこうたくさんのものが輸入されている。CO_2は多いだろうな。	発表 社会で自給率について学習した後に調べ学習としていた産地について発表する。	Class Solo Group 全体で英語表現を学習した後は、グループで練習し、自分が調べてきたことを発表する。
聞いたことがないな。 食の外国依存は環境問題とつながっているな。数字でも表せるんだな。 今度は何かな。 フードマイレージのグラフだ。 日本かな？ ゴミ燃焼も1位。フードマイレージも1位。日本はCO_2をたくさん出している。	推測 理解 「フードマイレージ」が表すことの意味を考える。	Class 次々と提示されたグラフの関連性を捉えながら、私たちは車社会、電気製品生活などの便利性や食生活の多様性と引き換えに、環境問題が大きいものになっていることをみんなで考える。
It's a potato. It's an onion. It's a carrot. It's beef and pork. It's a hamburger set. よくオーストラリア産やアメリカ産のものがスーパーに出ているよ。 会計は、ご飯をつけて 2,282,250。 日本産の牛肉だったらフードマイレージが少なくなる。 どんなメニューにしようか。楽しみだな。	列挙 推測 今まで使った英語表現を使う。食材からメニューを考える。 計算 電卓を使って計算する。	Class 答えを確認し合う。 Pair 2人で確かめながら計算する。
ふりかえりを書き、感想や学んだことを共有する。	統合 CO_2とフードマイレージについて学んだことをふりかえる。	Solo Class 友だちの感想に学ぶ。

「レストラングローブのメニューを考えよう」
Let's open "Restaurant Globe"!

| Content（学習内容） | 家庭科との統合学習 |

時間	Content （学習内容）	Communication （教師）
5分	挨拶	Hello, everyone. Jambo! Habari? Let's sing a Kenyan song.
7分	導入 食品やメニューを英語で言ってみよう。	カードを掲示しながら What's this? It's a fried egg. What's this? It's a Japanese omelet. What's this? It's ねぎとろ bowl meal. What's this? It's miso soup. What's this? It's a rice ball.
18分	活動1 レストラングローブの開店準備をしよう。 活動2 「地球にやさしい」ということを考えよう。	メニュー作りに際して大切なものを家庭科で学習して、栄養の問題からも取り組めるよう視点を作る。児童から出てきた内容を英語表現にしていく。 What is important? Yes, nutritional balance. Freshness. Price. Food mileages. Yes, choose local foods. Food in season. Chemical free vegetable.

用意する教材・教具：教具：地図、国旗カード、全国距離測定表、電卓など
ターゲットとなる英語表現（学習の言語）
　語彙：a fried egg, miso soups, a rice balls, nutritional balance, freshness, etc.
　表現：What's this? It's a ..., We are group1, A is from B, Food mileages are ...

Communication （児童）	Cognition （思考）	Culture / Community （文化理解/協学）
Nzuri. Asante.	記憶 理解 スワヒリ語で挨拶をする。	Class
英語表現をリピートしていく。 It's 目玉焼き It's a fried egg. It's 卵焼き It's a Japanese omelet. It's ねぎとろ丼 It's ねぎとろ bowl meal. It's みそ汁 It's miso soup. It's おにぎり It's a rice ball.	理解 表現 日本語の言い方との違いを意識し、楽しみながら英語で表現する。	Class 教師の提示カードを見て、英語で表現したり、自分たちが知りたい食品の英語表現を訊ねたりし、自分たちが言える表現を増やしていく。
栄養のバランス。 赤・青・黄。 新鮮かどうか。 値段も大切。 もちろんフードマイレージ。 地産地消。 旬のもの。 無農薬。	統合 家庭科で学習したことを思い出しながら、環境にいいものと体に良いものを合わせて考える。	Class クラスの他の児童と一緒に考えながら、英語表現にのせていく楽しさを味わう。

6 時間目 「レストラングローブのメニューを考えよう」Let's open "Restaurant Globe"!（家庭科との統合学習）

前ページより ➡

時間	Content （学習内容）	Communication （教師）
15分	活動3 発表の仕方を練習し ておこう。	話型を掲示しながら練習 We are Group 1. Our original menu is .... Beef is from Australia. （　　）is from [　　]. ・ ・ ・ The food mileages are .... 工夫したところは…です。 メニュー作りをして思ったことは…です。 Thank you.
	メニュー作りに取り 組もう。	Let's make an original menu. グループを回りながら英語表現を助ける。 辞書や料理ブックを用意したり、栄養素別の食材を掲示したりと学習環境を 整える。 It's a Welsh onion.
	活動4 オリジナルメニュー を発表しよう。	We're going to have a presentation on each original menu. グループごとのメニュー一覧表を配布し、工夫していることや感想を記入で きるようにする。
	ふりかえり・まとめ	Let's look back at today's lesson. How was that? 児童の活動を褒めて終わる。 You did a good job! That's all for today. See you, everyone!

Communication （児童）	Cognition （思考）	Culture / Community （文化理解/協学）
最初は、みんなで言って、後は、分担しようか。 食材と産地とフードマイレージの計算だね。 それは私に任せて。 さあ、繰り返し練習しよう」 ・ ・ もう、ばっちりだよ。」	[理解] [繰り返し] 基本型をコピーし、（　）や [　] に書き入れたらいいことや英語表現を理解する。 繰り返し練習し、自信をもって発表できるようにする。	[Class] [Group] 発表の見通しをもつことで学習への意欲をもつ。 グループでも練習し、分担も考える。
冬だから鍋にしようか。 牛肉はオーストラリア産が安いけどフードマイレージが多いよね。 料理の本を見てみよう。 ネギって何て言うんだろう。聞いてみよう。 味噌はこの前、作ったね。地元産として使えるね。フードマイレージは低いよ。	[創作] 続きは総合的な学習として取り組む。地域の特産物も使った料理や郷土料理などを事前に調べておく。	[Group] いろいろな視点を視野に入れながら、また協力しながらスーパーのチラシから食材を探す。できるだけ、主食、副食、汁物を考える。
分担を決めよう。 一人ひと言は話すようにしよう。 ・ ・ 県内産でまとめているね、いいね。	[表現] [分担] [共有]	[Group] [Class] 発表後、感想を述べ合い、お互いの工夫に学び合う。
Thank you, Mr./Ms. .... Good-bye!	[統合] オリジナルメニューの発表会についてふりかえる。	[Solo] 自分の活動を自己評価する。

10 指導案をもとに実施した授業例と省察

① テーマで結ぶ楽しさを促す

　社会の食料生産を環境という視点から考える今回の学習は、外国語活動が仲立ちをし、新しい言葉が学習を一層興味深く、楽しいものにしました。教師やクラスメート、ALTからの問いに思考を巡らせました。フードマイレージという新しい物差しを持って児童は、思考をするために動き出しました。

　私たち担任教員は、現場の忙しさのなかで、明日の個々の授業の準備に追われ、大きな枠組みで構想する時間を持ちにくくなっています。外国語活動や総合的な学習では、原点に立ち返り、学年や教科の壁を越え、テーマで結びつけながら、子どもたちと教師が一から学習を創ることができるのが魅力です。

② 教師の持ち物

　小学校の担任教員は全教科、領域を受け持つので、学習を創っていくことができるという楽しみがあります。しかも6学年にわたってできるからこそ、いろいろな学習を関連づけることができます。目の前の児童に今どんな学びが必要なのかも考え合わせることができます。しかし多くの小学校教員は、英語を専門的に学んだことがありませんので、外国語活動の指導案を創るのにとても苦労します。今回の学習も多くの実践に学びながら進みました。テーマ設定の重要性や中心となる英語表現・語彙の選定の難しさを実感し、教科を深め、つなぐ視点を学びました。CLIL形式で指導案を作るよさは、表現・内容・学習形態がはっきり見え、作りながら何が足りないのかがわかることです。ふりかえると、協働の学びが作れていない、表現が多すぎるなど、気付かされました。指導案を書く上でやはり難しいのは英語表現です。母語・日本語と英語を行ったり来たりできるコーディネーターが必要です。それぞれの教師が持っているものを活かし合わせることができるといいと思います。

③ テーマ設定の重要性

　テーマを設定する時には、教科で語りきれなかったこと、教科をつなぐもの、グローバルな視点、その年・時のトピックなどを考慮します。今回はケニアからのALTとの出会いをきっかけに、環境問題を絡めました。児童は、「フードマイレージ」という視点で環境を捉えることで、新たな環境との関わりを見つけ、「レストラングローブ」のメニュー作りに意欲的に取り組みました。食品の広告を一生懸命見ながら、産地の近い物を探しメニュー作りをしました。英語でそれを紹介する活動もALTに英語表現を学びながら積極的に取り組みました。

　しかし、児童の現実と照らし合わせると、この時期このテーマが適切であったかについては検証する必要があります。迷走する教育の現場で、児童も教師も自己表現や自己実現に苦しんでいます。児童の本音を語り合える学習テーマをタイムリーに考えることが担任が行う外国語活動にも求められています。

9

『何の卵？』Whose egg?

理科と関連したCLIL授業

蒲原順子

背景

　この指導案は、都内の公立小学校の5年生と6年生を対象に実施した授業を元にしています。この小学校では、年に2回程度、高学年を対象に教科と英語学習を関連づけた実験授業を実践し、児童の授業中の反応やふりかえりシートから手応えを感じました。本指導案は理科の教科と関連づけ、生き物の卵生と胎生をテーマにしました。5年生の理科でメダカの一生とヒトの胎児の成長を学びますが、ここでは、卵で生まれる生き物と親と同じ姿で生まれる生き物を区別することに焦点を絞りました。

　内容に関する言語表現は、児童が言いやすい短い文にしました。

　単数形と複数形は卵がひとつの場合と複数の場合があるので、What's this? / Whose egg? / Whose eggs? の質問になり、答えも、a penguin egg / frog eggs と変化します。

　内容面でのフォーカスは、動物には、卵で産まれる動物と親と同じ姿で産まれる動物がいることに意識を向けることですが、それを通して、生き物の生態の不思議さ（卵で産まれる生き物と親と同じ姿で生き物がいるのはどうしてなのかと疑問を持つなど）や、命のつながりのなかにヒトもいることに気がついて欲しいという願いもあります。

　また、思考面では「記憶」「理解」「応用」「分析」「評価」「創造」の6つに分類して考えました（本指導案では「評価」に当たる活動はありません）。これを個々の英語活動に当てはめて考えることにより、その活動における児童の思考のタイプがわかるので、1つのタイプに偏らないように気をつけたり、より高度な思考活動ができるように工夫したりすることができました。全体として「学習の言語」「学習のための言語」「学習を通しての言語」の3つをバランスよく適切に配分するように心がけました。この3つを区別することによって、扱う言語材料のどの点に焦点を当てているのかがよくわかると思います。

　実際の授業では、児童の興味やその時の状況に応じて、活動を減らしたり、足したり、また、語彙や言語表現も増減してください。

小学校外国語教育における CLIL 授業 『何の卵？』

1 指導者　　小学校学級担任（日本人英語指導者、ALT）

2 対象学年　5、6年生

3 外国語活動と教科内容の関わりについて

　5年生の理科で学ぶ「動物の誕生」と関連づけて英語を学習します。卵生の生き物と胎生の生き物について、どんな動物が卵で生まれるのか、どんな動物が親と同じ姿で生まれるのかについて学び、活動を通して目標とする言語表現と言語活動を促すための言語表現も同時に身につけることを目指しています。

4 単元目標

　［科目内容］

　理科：「受けつがれる命」（動物の誕生、ヒトの誕生など）に関連づけて、卵生の動物と胎生の動物の区別ができる。卵生、胎生に興味を持つ。提示された生き物や調べた生き物の生息地を知る。

　［英語学習］

- 導入した生き物の名前が言える。
- 生き物が陸に住んでいるのか水のなかに住んでいるのか、空を飛ぶ生き物なのかの表現を聞いて理解できる。
- 「誰の卵？」"Whose egg?" と英語で質問できる。
- 「～の卵」"It's a ～ egg." "They are ～ eggs." と英語で言える。
- クラスメートとのやりとりで「その通り！」"That's right!"「もう一度」"Try again." などのシンプルで頻度の高い英語表現を使って活動する。

5 単元評価規準

- 生き物の名前をいくつか言える。
- 卵生と胎生の生き物を区別できる。
- 活動を通して学んだ英語を使おうとしている。
- 「命が受け継がれる」ことの不思議さに触れる。

6 学習言語材料

　語彙：動物の名前：dog, cat, spider, bird, rabbit, etc.

　表現：What's this? It's a .... Whose egg ? (It's) a penguin egg. Whose eggs?
　　　　（They are）frog eggs. Is it a ...? That's right. Try again.

7 配当時間と単元内容

　1時間目　「動物を分類してみよう」（理科との統合授業）

　2時間目　「卵の親を探そう」（理科との統合授業）

　3時間目　「『何の卵？』の絵本を作る」（理科との統合授業）

8 CLILの4Csとの関連

時限 4Cs	1時間目	2時間目	3時間目
Content 内容	Group the animals. 「動物を分類してみよう」（理科）	Whose egg! 「卵の親を探そう」（理科）	Let's make a book. 「『何の卵？』の絵本を作ろう」（理科）
	動物の名前を知る。動物をいろいろなカテゴリーに分類する。卵生と胎生に分類する。	卵と親の動物を一致させる。それらの卵の大きさや形状をヒントにする。	卵を産む動物を1つ選び、卵と親の動物を当てるクイズを作り、クラスに質問する。
Communication 学習言語	学習の言語 frog, penguin, alligator, butterfly, dinosaur, snake, whale, kangaroo, cat, dog, rabbit, spider, monkey 学習のための言語 What's this? It's a .... 学習を通しての言語 color, size, ... live(s) in water / on the ground / fly in the sky	学習の言語 Whose egg (is this)? (It's) a penguin egg. Whose eggs (are these)? (They are) frog eggs. 学習のための言語 That's right. Here you are. 学習を通しての言語 Try again.	学習の言語 Is it a ...? 学習のための言語 That's right. Here you are. 学習を通しての言語 A hint, please.
Cognition 思考活動	知識 分類 分析 動物を分類する活動で、どのような分類が出来るかを考え、動物の形状や生息地など、各自の分け方を考える。	知識 分析 推測 卵カードを見て、卵の大きさや形状から持っている知識を使って分析し、その卵の親を類推する。	応用 統合（創作） 卵と親の動物を合わせる活動を応用する。自分でクイズを作りクラスに聞く。卵のイラストを書いてヒントも考える。
Culture 文化・国際理解 / Community 協学	Solo → Group 動物の生息地や形状からどんな分類ができるのかを考え、グループで相談し合って動物を分類する基準を決める。	Class 卵の親の動物を推測する。	Solo vs. Class クラスに向かって自分が作った卵の親当てクイズを出す（ヒントを出して、応答する）。 Group クイズに答える。

9 授業展開

1 時間目 「動物を分類してみよう」 Group the animals.

Content（学習内容） 理科との統合授業

時間	Content （学習内容）	Communication （教師）
2分	挨拶	Hello, everyone. How are you?
10分	導入 本時のトピックが動物であることを活動を通して伝える。導入した動物の名前を英語で言えるようにする。	動物絵カードを使って名前を教える。 **What's this?** Yes, **it's a snake.** 黒板に絵カードを貼りリピートさせる。 Let's say the words again. タッチゲーム：黒板に動物絵カードを貼ってランダムに指さしながら名前 　　　　　　　を言わせる。 カルタ：動物カードの名前を言いそのカードに手を触れる。 無いもの当てゲーム：What's missing? 　　　　　　　　　　　Close your eyes. 　　　　　　　　　　　Open your eyes. What's missing?
	活動1 動物カードを分類する。	4人程度のグループに分け、動物カードセットを各グループに配る。 Let's group the animal cards. どんな分け方をしてもいいと説明する。 グループ分けの基準を聞いて黒板に書く（日本語）。 How did you group them? 「住むところ」で分けたグループがいたら Where do frogs live? **Frogs live in ....** Yes, frogs live in water and .... / Yes, frogs live in water and on the ground. Very good. いろいろな分け方ができたことを評価する。 最初の活動は、「形」「色」「空を飛ぶ、飛ばない」「住む所」など、どんな分け方をしても構いません。最も多い分け方は「住んでいる所」でしょう。その場合は、かえるやワニのように陸と水に住んでいる生き物がいるのが面白いところです。これは、児童がこのことに気がつくまではどちらかに分類しておいて、後で確認するなどして、自ら気がつくように促すとよいでしょう。この活動では、分け方の基準は1つではなく、いろいろな可能性があることに気づかせることがポイントです。

166

用意する教材・教具：動物の絵カードとその動物の赤ちゃんか卵の絵カード
ターゲットとなる英語表現（学習の言語）
　語彙：frog, penguin, alligator, butterfly, dinosaur, snake, whale, kangaroo, cat, dog, rabbit, spider, monkey,
　表現：What's this? It's a .... What are these? They are ....

Communication （児童）	Cognition （思考）	Culture / Community （文化理解/協学）
Hello, ... I'm fine, thank you, and you?		
英語で言える動物は名前を言う。 Penguin, snake, etc. 教師の後についてリピートする。 動物の名前を言う。	[記憶] 既習の動物名を言う。動物名の言い方を学ぶ。	[Class] 知っている動物の名前を言い合う。
動物の名前を聞いてカードに手を乗せる。 なくなった動物絵カードの名前を言う。 どういう基準でカードを分けたのかを教師に説明する。 「空を飛ぶものと飛ばないもの」 「住む所」 Water! Ground! Water and ground! Frogs live in water. Frogs live in water and on the ground. 予想される分け方 色、大きさ、飛ぶものと飛ばないもの、住むところ(陸、水、空)	[記憶] 学んだばかりの動物名が聞いてわかる。学んだばかりの動物名を言える。	[Class] 学んだばかりの動物名を口に出して言おうとする。

次ページへ

1時間目 「動物を分類してみよう」Group the animal.（理科との統合授業）

➡ 前ページより

時間	Content （学習内容）	Communication （教師）
20分	活動2 卵で生まれる動物と そうでない動物を分 ける。 4人程度のグループ に分けて、もう一度、 卵で産まれる動物と そうでない動物に分 けさせる。	Now, I'll group the cards in two. Please guess what groups they are. 生き物カードを卵生グループ（A）と胎生グループ（B）の2つに分けて黒板に貼りながら、何を基準に分けているのか考えさせる。分ける基準がわかったら、次の動物カードがどちらのグループかを児童にあてさせながら貼る。 That's right! Group A is born from an egg, and Group B is not. Frogs are Group A. Good job! ＜確認のための活動＞ Let's group the cards again. 児童がグループで相談している際に、教師はグループを見回り、"Frogs are Group A or Group B?" などと質問して児童に答えさせる。 答え合わせをする。A/Bと板書（Aに卵の絵を手描きする）。 **What's this?** Yes, frogs are ...? Group A or Group B? That's right!
	ふりかえり・まとめ	You did a good job! That's all for today. See you, everyone! ふりかえりシートに記入させる。

Communication （児童）	Cognition （思考）	Culture / Community （文化理解 / 協学）
	推測 どういう分け方をしているのか推測する。	**Class** **Solo** 教師の質問に対して答えを見つける。
例：「卵で産まれるものと卵で産まれないもの？」 卵で産まれる動物だと思ったら Group A! 卵で産まれない動物だと思ったら Group B!	**推測** その動物がどちらのグループに入るのかをこれまでの知識を使って考える。	
グループで動物カードを卵で産まれるものとそうでないものに分ける。 Frogs are Group A. Group A! Frogs. Frogs are Group A. Group A!	**記憶** 学んだばかりの知識を確認する。	**Group** グループで相談しあって動物カードを分類する。
Thank you, Mr./Ms. .... Good-bye!		**Class** 授業で学んだことをふりかえる。

2 時間目 「卵の親を探そう」 Whose egg?

Content（学習内容） 理科との統合授業

時間	Content （学習内容）	Communication （教師）
2分	挨拶	Hello, everyone. How are you?
10分	語彙の復習	動物カードを見せて名前を確認する。 **What's this? / What are these?** グループに分け、児童にQ&Aをさせる。 （1人3回で交代） ＊this/theseの区別については特に説明しなくてもよい。
15分	活動1 グループ内で卵カードを見せ親を当てさせる。	黒板に動物カードを貼る（卵を生まない動物も混ぜる）。 卵カードを手に持ち児童に見せ親を当てさせる。 **What's this?**（恐竜の卵の写真かイラストを見せて） Yes, it's a dinosaur egg. 親カードの下に貼る。他の卵カードについても同様に質問し、親カードの下に卵カードを貼る。 グループで聞き合う練習をする。 教師と児童でデモンストレーションをする。 **Whose egg?** (It's) a penguin egg. **Whose eggs?** (They are) Butterfly eggs. Whose egg(s)? の答え方は、A penguin egg. と短い答えで十分であるが、文で答える場合は、It's a(n) .... They are ...s. となる。それぞれ、a (an) ... egg./ ... eggs. の文法的なところは、児童の様子を見て難易度を調整する。 難易度を上げて、タツノオトシゴ（シーホース sea horse）や、カモノハシ（プラティパス platypus）を入れても面白い。タツノオトシゴは、メスが産卵しオスが卵を孵化させる。カモノハシは哺乳類でありながら卵を産む。

用意する教材・教具：動物の絵カードとその動物の赤ちゃんか卵の絵カード
ターゲットとなる英語表現（学習の言語）
語彙：frog, penguin, alligator, butterfly, dinosaur, snake, whale, kangaroo, cat, dog, rabbit, spider, monkey
表現：What's this? What are these? Whose egg(s)? It's .... They are .... Yes, that's right. No, try again. Here you are.

Communication （児童）	Cognition （思考）	Culture / Community （文化理解/協学）
Hello, ... I'm fine, thank you, and you?		
動物の名前を言う。 (It's) a frog. S1: **What's this?** Ss: (It's) a frog.	記憶 前の学習で習った語彙を思い出す。	Class Solo クラス全体に質問し、答えを考えさせる。 Pair お互いに質問し合う。
卵を見て動物名を当てる。動物の名前は英語で言う。 （予想される答え）恐竜の卵！ 卵カードを見て、親を推測する。 デモンストレーションを見て、やり方を覚える。 グループのなかで1人が卵カードを見せてどの動物の卵かを質問する。 S1: **Whose egg?** S2: A penguin egg.	推測 分析 卵を見て、その大きさや形状などを分析し動物名を当てる。 推測 分析 卵を見て、その大きさや形状などを分析し動物名を当てる。 理解 デモンストレーションを見て理解する。 記憶 学んだことを思い出す。	Class Solo クラス全体に質問し、答えを考えさせる。 Group グループ内で1人が質問し、他の児童が答え、順番に役割を交代する。

2時間目 「卵の親を探そう」Whose egg? (理科との統合授業)

➡ 前ページより

時間	Content (学習内容)	Communication (教師)
17分	活動2 確認活動：児童は1対1で質問し合う。	児童に1人3~5枚の卵カードを配る。 児童を1人相手にしてデモンストレーションをして見せる。 T: **Whose egg?** S: (It's) a penguin egg. T: Yes, **that's right. Here you are.** (カードを渡す) 間違ったら、もう一回答えるチャンスを与える。 No, try again. 相手の答えに対して、 **That's right!** **Here you are.** **No, try again.** などは最初に取り出して練習してから活動するとより効果的です。これらの表現はコミュニケーションの潤滑油として大変重要でほかの活動にも使えます。
	ふりかえり・まとめ	ふりかえりシートに記入させる。 宿題を出す（日本語）。 興味のある卵生の生き物を調べ、卵の絵だけ描いてくる。 （卵のサイズも調べる~cm） 用紙を配布する（一人一枚）。 That's all for today. See you, everyone.

Communication （児童）	Cognition （思考）	Culture / Community （文化理解/協学）
S1: Whose egg? S2: (It's) A penguin egg. S1: Yes, that's right. Here you are. S2: Thank you. Whose egg? S1: ... egg. S2: No, try again. クラスメートと質問し合う。相手が正しく答えたらカードを渡す。出来るだけ多くのクラスメートに聞く。	記憶 学んだことを思い出す。	Class Group お互いに質問し合う。 Pair 1対1で質問し合い、相手を変えて活動を繰り返す。
宿題の用紙をもらう。 Thank you, Mr./Ms. .... Good-bye!		Class 授業で学んだことをふりかえる。

3 時間目

「『何の卵？』の絵本を作る」 Let's make a book.

Content（学習内容） 理科との統合授業

時間	Content （学習内容）	Communication （教師）
2分	挨拶	Hello, everyone. How are you?
5分	復習	復習：卵カードを一枚ずつ見せながら質問する。 **Whose egg?** Yes, (it is.) (It's) a penguin egg. **Whose eggs?** Yes, (they are.) (They are) frog eggs.
15分	活動 1 グループごとに宿題で調べた卵についてクラスに質問する。	教師がデモンストレーションをする。 自分で描いた絵を見せて **Whose egg?** Let's say, "**A hint please.**" ヒントは住むところで与える。 They live in water / on the ground / fly in the sky. ＜オプション＞ヒントを動物の種類で与える。 It's a fish / a bird / an insect / an animal. ＊水の中、地上、飛ぶもの、魚、鳥、昆虫、四足動物は、描いて説明。 質問の仕方を練習する。 Is it a ...?（動物の名前） 1グループずつ前に出させて、クラス全員に聞いて当てさせる。 Group1, please come up to the front. Please ask the class "Whose egg?" You can give some hints in Japanese. ・ヒントは日本語でよいことを伝える。 ・余裕があれば、They live in water / on the ground / They fly.をヒントに使ってもよい。 グループメンバーの調べてきたすべての動物をとりあげると時間がかかる場合は、1グループにひとつの動物にする。 活動1のヒントは、日本語としているが、英語でチャレンジしてもよい。 1時限目のThey live in water /on the ground / fly in the sky などの表現を講師が言い、リピートさせたり、講師と一緒に言うようにして、慣れてきたら児童だけで言わせる。

用意する教材・教具：動物の絵カードとその動物の赤ちゃんか卵の絵カード、絵本用の厚手の無地の用紙（人数分）

ターゲットとなる英語表現（学習の言語）
　語彙：frog, penguin, alligator, butterfly, dinosaur, snake, whale, kangaroo, cat, dog, rabbit, spider, monkey
　表現：What's this? It's a penguin egg. What are these? (They are) Frog eggs. A hint please. Is it …?

Communication （児童）	Cognition （思考）	Culture / Community （文化理解／協学）
Hello, …. I'm fine, thank you, and you?		
卵を見て、親の動物を当てる。 A penguin egg. Frog eggs. S1: **Whose egg?** S2: A penguin egg.	記憶 前の学習で習った語彙を思い出して言う。	Class 全体で答える
「わからない」 **A hint please.** 質問の仕方を練習する **Is it a …?** グループごとに前に出て質問する。 G1: **Whose egg?** （G1: Group 1） Ss: **A hint please.** G1:（日本語でヒントを出す） （海に住んでる生き物です。など） Ss: Is it a …? G1: **No, try again.** Ss: Is it a …? G1: **Yes, that's right!**	推測 卵の大きさや形状から何の卵かを考える。 記憶 表現を覚える。	Class

3時間目 「『何の卵？』の絵本を作る」Let's make a book.（理科との統合授業）

前ページより ➡

時間	Content （学習内容）	Communication （教師）
20分	活動2	絵本 *Whose egg* を作成する（グループにひとつ）。 左ページに卵の絵と Whose egg? と書入れさせる。右ページには卵の親の絵と ... egg. と書かせる。文字は板書して書き方を指導する。 グループごとに前に出て全員で絵本を読む。 読む時には、左のページだけを見せて、Whose egg? と質問して、クラスに答えを言わせてから右のページを読むように指導する。 *児童の選んだ動物が英語で言いにくい名前の場合は、名前だけ日本語を使ってもよい。 *児童の選んだ動物がわかりづらい場合は、日本語のヒントを増やすなど、工夫する。魚、昆虫、鳥、四足動物の区別を当てさせて、児童が答えを発表してもよい。 *グループで一冊の絵本を作るのが難しい環境であれば、クラスで一冊の絵本にして、教師がリードして読ませてもよい。 生き物と卵をテーマにした絵本を取り上げてもよい。 *Frog.* S. Canizares and D. Moreton. Scholastic Inc. *From Egg to Robin.* S. Canizares and B. Chessen. Scholastic Inc. *Butterfly.* S. Caizares. Scholastic. Inc. 読んで聞かせるときには、1回目は教師が読み、2回目は一部を児童に読ませ、3回目はコーラスリーディングか、リピートさせるとよい。絵本の英文が簡単で繰り返しが多いものを選ぶと良い。 活動2の後に時間があれば、生き物が胎内にいる時間をクイズにしてもよい。 人間の場合は、10ヶ月、chicken ニワトリは30日 How about whales? クジラは？ How about penguins? ペンギンは？ 言語表現 How long does a human baby stay in its mother's body? How long does a whale baby stay in its mother's body? How long does a penguin baby stay in its mother's body?
	ふりかえり・まとめ	That's all for today. See you next time. ふりかえりシートに記入させる。

Communication （児童）	Cognition （思考）	Culture / Community （文化理解/協学）
	統合 これまでに学んだ英語の表現をとりいれて、オリジナル絵本を作成する。 記憶 学んだことを思い出す。	Group 協力し合って、グループごとに一冊の本を作る。
G1: Whose egg? Ss: A ... egg. G1: Yes, it's a ... egg. G1: Whose egg? S1/Ss: Is it a ... egg? G1: No, try again. S1/Ss: A hint, please. G1: 日本語でヒントを出す。 S1/Ss: Is it a ... egg? G1: That's right!		Class Group 互いに質問し合う。
Thank you, Mr./Ms. .... Good-bye! ふりかえりシートに記入する。		Class 授業で学んだことをふりかえる。

177

🔟 指導案をもとに実施した授業例と省察

　この教案は、高学年の認知レベルに合った外国語での言語活動をするために、内容は高度でも英語表現はシンプルで言いやすいものであることに留意しました。言語面でも、児童は英語を使って仲間同士で卵の親を聞き合う活動ができました（5年生と6年生では差がありました）。また、最後の発表活動では、恐竜の卵を描いた児童もいました（教案ではグループでひとつの生き物を描くようにしましたが、実施した授業では、クラスサイズが小さかったので、一人一人調べて卵の絵のみを描きました）。

　この指導案の実践に参加した5、6年生の児童は、仲間分けや、卵の親を探す活動などの知的活動を楽しんでいる様子でした。CLILの教案は、内容を伝える手段として言語があるという考えに基づいて作成することはもちろんですが、もうひとつの特徴として、それぞれの活動が児童の認知的な面のどのような領域（記憶、理解、推測、分析など）が刺激され促進されるのかを明示的に理解した上で授業に臨めたことは意義のあることでした。例えば、記憶に頼る活動に偏っていれば、そこに高度な認知的な活動を入れるにはどういう活動があるのかを考え、活動を変え、全体の認知的な難易度をバランス良く配分することにも気をつけることができたと思います。

　言語目標では、語彙や表現を3つの「学習の言語」(language of learning)、「学習のための言語」(language for learning)、「学習を通しての言語」(language through learning) に分けて考えることによって、それぞれの語彙や表現の授業での扱い方の重要度が異なることがはっきりとわかり、大変役に立ちました。

　この教案ではできるだけ自然な英語で汎用性の高い語彙や表現を使って教案を作ることを心がけましたが、児童から生き物の生息する場所について water, ground, sky などと出たのは驚きでした。また、授業後のアンケートのなかに、「今日はいっぱい頭を使った」、「英語が難しかったけど楽しかった」、「電子黒板を使わなかった」などの感想があり、前の2つはCLIL授業ならではの反応ではないかと思われました。そして、最後の感想も興味深いものです。電子黒板を使わない授業では、児童間のやりとりや講師と児童とのやりとりが中心になる点が大きく異なるでしょう。6年生のほうが文単位の表現も言おうとする傾向があり、5年生よりも認知的にも言語的にもレベルの高い活動ができることがうかがえました。

　CLIL授業における言語面での特徴の1つとして、言語表現そのものはシンプルなものであっても伝える内容が教科や学習に沿ったものであるので重みのある言語活動になり得る点ではないと思います。例えば、What's this? という表現はシンプルなので児童は比較的すぐに言えるようになる表現ですが、A penguin egg. と答える応答になると、レベルが格段に上がります。さらに、留意点にも書きましたが、「学習のための言語」(That's right. Try again. など) は他の授業でも頻繁に使えるという特徴を持っています。言い換えれば、CLIL授業を通して、学習言語と日常言語を両方使ったコミュニケーション活動が期待できるということではないでしょうか。

　まとめると、本CLIL授業を通して、児童が知的活動を楽しんだこと、児童の英語を使った言語活動が内容を伴っていることが観察できたことの意義は大きいと思います。今後は、高学年のCLILを取り入れた外国語活動でどういうことができるのか、また、低学年向けのCLIL授業の可能性について、考えていきたいと思います。

10

『ヘルシーサンドイッチを作ろう』

家庭科、国語と関連したCLIL授業

一柳啓子

背景

この授業案は、公立小学校の5年生を対象とした外国語活動で実践したものです。実践した小学校は栃木県下の一般的な公立小学校です。明るく素直な児童が多い一方で、学びに難しさを抱える児童、さまざまな課題を抱える児童も多くなってきています。実践を行った5年生は、1年生から外国語活動を行い、英語に慣れ親しんできました。英語に対する興味関心も高く、「英語が使えるようになりたい」、「外国のことをもっと知りたい」と感じる児童が多いと言えます。一方で、学年が上がるにつれ、自分の考えを発表したり、表現することを恥ずかしがったりする児童が多くなっていました。伝えたい気持ちはあるけれど、自信がない。そんな気持ちから、コミュニケーションに消極的になる児童が見受けられるようになってきていました。児童の、「聞きたい」、「伝えたい」という気持ちを高め、コミュニケーションが「できた」、「伝わった」という喜びを感じさせたい、そんな願いからこの実践を行いました。

児童は、家庭科の学習で、食品の働きによる赤・黄・緑の3つのグループ分けや、五大栄養素についての学習を行ってきました。また、それらについて知ることを通して、栄養バランスを考えた食事の大切さや、3つのグループの食品を組み合わせることにより、栄養のバランスがよい食事になることを理解してきました。このような家庭科での学習や、国語科の「敬語」の学習を活かし「栄養バランスを考えたヘルシーサンドイッチを作る」という内容と言語を統合させ、CLIL的なアプローチによる授業実践を考えました。

5時間の単元計画のうち、特に4、5時間目にCLIL的なアプローチを取り入れた授業を設定しました。本授業では、栄養バランスを配慮したヘルシーサンドイッチを考えて、店員と客になり、友達や教師とやり取りすることで、家庭科での栄養についての知識を深めるとともに、英語での丁寧な表現の仕方や尋ね方に慣れ親しむことをねらいとしました。グループで工夫して考えたメニューが英語を通じて友達の手に渡る喜びや、自分の好きなサンドイッチを丁寧な言い方を使って注文できたという喜びを感じられる場を設定することで、意欲的にコミュニケーションを図ろうとする態度を育成したいと考えたからです。

また、新学習指導要領の移行期間、教科化を見据え、大文字を「書くこと」に慣れ親しませるようにしました。「BLTサンドイッチ（ベーコン、レタス、トマト）」を例に、グループで考えたサンドイッチには、食材の頭文字をとったメニュー名を付けるようにし、書くことに必然性を持たせるように工夫しました。

小学校外国語教育における CLIL 授業 『ヘルシーサンドイッチを作ろう』

1 指導者 　小学校学級担任、ALT

2 対象学年 　5 年生

3 外国語活動と教科内容の関わりについて

本授業は、家庭科［食べて元気に（5 年）］、国語科［敬語を適切に使おう（5 年）］などの教科内容と関連づけており、本時では家庭科での栄養についての知識、国語科での敬語の学習を活かしながら、英語の丁寧な表現を学ぶ工夫をし、内容と言語の統合を図っている。

4 単元目標

［科目内容］

家庭科：赤・黄・緑の 3 つのグループの食品を組み合わせることにより、栄養のバランスがよいサンドイッチを作る。

国語：英語にも丁寧な表現があることに気づく。

算数：加算、減算

図工：創作

［英語学習］

- 丁寧に注文を尋ねたり、答えたりする表現を聞いたり言ったりすることができる。また、自分たちで考えたサンドイッチの名前のアルファベットの 3 文字書くことができる。（知識・技能）
- 丁寧に注文を尋ねたり、答えたりして、自分の考えを伝え合ったり、簡単な語句を推測しながら、読んだり、書いたりできる。（思考力・判断力・表現力等）
- 他者に配慮しながら、丁寧に注文を尋ねたり、答えたり、メニューについてまとまりのある話を聞いたり、感想を伝え合ったりしようとする。（学びに向かう力、人間性等）

5 単元評価規準

- What would you like? I'd like to … の表現と食品、食材の丁寧な言い方を理解して、欲しいものを尋ねたり、答えたりできる。自分たちで考えたサンドイッチの 3 つの食材の語彙の最初の大文字 3 文字を、アルファベット順に書いている。
- 丁寧に注文を尋ねたり答えたりして、考えを伝え合うために、丁寧な表現や食材に関する語彙を推測しながら、読んだり書いたりする。
- 他者に配慮しながら、丁寧に注文を尋ねたり、答えたり、メニューについて伝え合ったりしようとしている。

6 学習言語材料

語彙：食材名：cheese, ham, bacon, chicken, tuna, egg, bread, mayonnaise, margarine, cabbage, cucumber, tomato, onion, lettuce

　　　栄養に関する表現：red, yellow, green, body, energy, condition

表現：欲しいものを問う表現：What would you like?

　　　欲しいものを答える表現：I'd like ….

7 配当時間と単元内容

1 時間目 　「ていねいな表現を知ろう」（国語との統合授業）

2 時間目 　「1000 円ランチを作ろう」（算数との統合授業）

3 時間目 　「好きなサンドイッチを注文しよう」

4 時間目 　「ヘルシーサンドイッチを考えよう」（家庭科、国語、図工との統合授業＝本書指導案）

5 時間目 　「ヘルシーサンドイッチを注文しよう」（家庭科、国語との統合授業）

180

8 CLILの4Csとの関連

Content 内容	What would you like? I'd like …. 家庭科の学習をもとに、栄養バランスのとれたサンドイッチのメニューを考えて、注文し合う。
	家庭科（赤・黄・緑の食品と働き）、国語（丁寧な表現）、図工（創作）
Communication 学習言語	学習の言語 食材名：cheese, ham, bacon, chicken, tuna, egg, bread, mayonnaise, margarine, cabbage, cucumber, tomato, onion, lettuce 栄養に関する表現：red, yellow, green, body, energy, condition 欲しいものを問う表現：What would you like? 欲しいものを答える表現：I'd like …. 学習のための言語 Hello! Here you are. Thank you. What color is this? 学習を通しての言語 準備した語彙以外のサンドイッチの食材
Cognition 思考活動	認識　列挙　推測　統合 食品の赤・黄・緑の3つの働きを踏まえて、栄養バランスのとれたサンドイチメニューを考える。
Culture 文化・国際理解 / Community 協学	Group グループで協力してサンドイッチのメニューを考える。 Class グループで考えたサンドイッチのメニューを紹介する。 Pair 客と店員に分かれ、サンドイッチを注文し合う。

9 指導手順

 4時間目 「ヘルシーサンドイッチを考えよう」

Content（学習内容） 家庭科との統合

時間	Content （学習内容）	Communication （教師）
5分	挨拶	Good morning, how are you? Good! Let's start the English lesson!
10分	導入 家庭科 栄養バランスを考えたサンドイッチを作ることを確認する。	絵カードからトマトのカードを見せる。 What color is this food? No. Let's think. That's right. 他の食材についても同様に質問し、黒板にカードを赤・黄・緑に分類して掲示していく。 「みんな、家庭科でやった、食品の赤・黄・緑の３つの働きは、覚えてる？」 Red ＝ Body（主に体をつくるもとになる働き）＝ Chicken などの絵 Yellow ＝ Energy（主に熱や力のもとになる働き）＝ Bread などの絵 Green ＝ Condition（主に体の調子を整える働き）＝ Vegetables の絵 こんな食材の組み合わせはどうでしょう？ HRT：**What would you like?** ALT：**I'd like a BCH sandwich.** HRT：**What is a BCH sandwich?** 　　　B is for **Bacon.** 　　　C is for **Chicken.** 　　　H is for **Ham.** HRT：**How about a BLT sandwich?** ALT：**B is for?**（児童から考えを引き出す）**L is for ? T is for?** HRT：**Good! Is it good for your health?** 今日は、栄養バランスを考えたヘルシーサンドイッチを考えることを伝える。 Let's think and make good healthy sandwiches!

用意する教材・教具：食べ物の絵カード、ワークシート		
ターゲットとなる英語表現（学習の言語）		
語彙：cheese, ham, bacon, chicken, tuna, egg, bread, mayonnaise, margarine, etc.		
表現：What would you like? I'd like ….		

Communication （児童）	Cognition （思考）	Culture / Community （文化理解 / 協学）
Good morning, Mr./Ms. …. I'm fine.	理解 （話を聞く） 意欲を喚起する。	
絵カードを見て何色か考える。 「Red?」 「野菜そのものの色じゃないのかな。」 「Green!」 「家庭科でやった赤・黄・緑だ。」	理解 （話を聞く） 教師の英語を聞きながら、英語表現を理解し、食材の色について考える。 推測 列挙 教師の英語を聞いて赤・黄・緑の3つの働きの色で分けていることを理解する。	Class クラスのほかの児童と一緒に考えながら、英語や色の意味を理解する。
教師の英語を聴き、どの食材の組み合わせを注文しているか考えて答える。 **Bacon? Chicken? Ham?** ALTの注文したサンドイッチについて、気付いたことを発表する。 「全部、赤の食材だ。」 「野菜が1つもなくて栄養バランスが悪い！」 **Bacon! Lettuce! Tomato!** 「栄養のバランスよくて、健康的だよね」Yes!	推測 列挙 教師の英語を聞いて、どの食材の頭文字を組み合わせているかを考える。 食材の組み合わせの栄養バランスはどうか考える。	

4時間目 「ヘルシーサンドイッチを考えよう」（家庭科との統合）

前ページより ➡

時間	Content （学習内容）	Communication （教師）
20分	**活動1** 家庭 サンドイッチに入れる食材の組み合わせを考えよう	次に、サンドイッチショップの店員と客になりやり取りをすることを伝える。 ワークシートを配布し、食材は3つ、食材の頭文字をメニューの名前にすること、1グループで2種類のメニューを考えることを確認する。 You can use three food items. Please think about two menus. 提示していない食材をオリジナルで考えて入れてもよいことにする。 You can use original food.
10分	**活動2** 国語 丁寧な言い方を使って、食材をALTに注文しよう	食材が決まったら、ALTのところに食材を注文しに行き、カードを受け取らせる。受け取ったカードはワークシートに貼らせる。 Let's go to Mr./Ms. ..., and order. Let's put the card on the worksheet. What would you like? OK. えび is shrimp in English. So, what would you like? Good!（白紙の絵カードにshrimpのスペルを書いて児童に渡す） Here you are! 食材の頭文字をとってメニュー名をつけ、絵を描いてワークシートを完成させる。 Let's write the name of the menu. Let's draw pictures.
	ふりかえり・まとめ	ふりかえりシートに記入させる。 That's all for today. See you next time.

Communication (児童)	Cognition (思考)	Culture / Community (文化理解/協学)
グループで、栄養バランスのとれたサンドイッチのメニューを考える。 「うちでは、えびアボカドのサンドイッチをよく作るよ。」 「給食で、フルーツサンドが出るけど、栄養バランスはどうかな。」	[推測] [理解] 赤・黄・緑のバランスを考えながら、メニューを考える。	[Group] 友達と協力して、栄養バランスのとれたサンドイッチのメニューを考える。
I'd like Bacon. (カードをもらう) Thank you. I'd like えび. (えびの英語表現を教えてもらう) I'd like shrimp. (もらったカードに、えびの絵をかく) Thank you! ワークシートのI'd likeに続けて、もらったカードを文構造に当てはめて貼る。	[理解] 理解 文構造を理解する。 [推測] 友達に買ってもらえるよう想像して、絵を描く。 ELS sandwich E = Egg L = Lettuce S = Shrimp	[Group] 友達と協力して、食材を注文したり、メニューの絵を描いたりする。
感想や学べたことなどをワークシートのふりかえりに書く。 Thank you, Mr./Ms. .... Good-bye!	[統合] 学んだことをふりかえる。	[Class] 友達の感想を聞き合う。

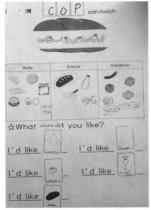 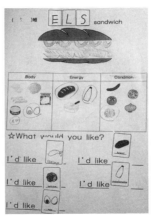 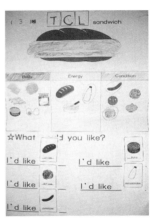

10 指導案をもとに実施した授業例と省察

① 子どもの「思い」を大切にした授業

　授業についてのアンケートを行ったところ、「楽しかった」と回答した児童が、42人中38人で90.3%、「まあまあ楽しかった」と回答した児童が、4人で9.5%でした。すべての児童が肯定的に授業に取り組んでいたことがわかります。楽しかった理由で特に多かったのが「自分たちでオリジナルのサンドイッチを作ったこと」、「店員とお客さんになってクラスのみんなとやり取りしたこと」、「グループでヘルシーサンドイッチを考えたこと」などでした。サンドイッチのメニューを考える際、家庭でよく作る「えびアボカド」や、給食に出る「フルーツサンド」など教師が用意していなかった食材を提案するグループが見られ、児童が、家庭科の学習を活かすことに留まらず、日常生活を想起しながら、意欲的にメニューを考えていたことがよくわかりました。

　本当に作りたいものを作る、本当に食べたいものを注文するなど、児童の思いやアイディアが表現できる内容を設定すること、それらをたくさんの友達と協働して考えたり、目的や状況のはっきりした場面でやり取りしたりすることが、児童の「楽しい」活動になり、言語の定着や自信につながるのではないでしょうか。

② 子どもの「よさ」を活かせる授業

　外国語活動を実践していると、「正しく言えること」「大きな声で発表できること」など表現の正確さやパフォーマンスの高さに目を向けがちになります。しかし、表現が苦手な児童、学びに難しさを抱える児童にとっては、これらが「英語に自信がない」「英語は難しい」と苦手意識を持たせる原因の一つになっていると感じていました。今回のCLIL実践では、「メニューを考えること」や「メニューを絵で表現すること」を活動に設定したことで、家庭科が好きな児童や、絵が得意な児童を活かすことができました。実際に、言葉で表現し、伝えることが苦手な児童が、休み時間になっても丁寧にメニューの絵を描き続ける姿がありました。その児童は、自分の描いた絵のサンドイッチを買ってもらえるように、"What would you like?" と小さい声ながら一生懸命注文を聞き、自分の作ったサンドイッチが友達の手に渡ると、とても嬉しそうな笑顔を見せていました。さまざまな課題を抱える児童が多くなりつつある学校現場において、他教科の学習を取り入れたり、多様な思考ツールや活動を取り入れたりすることは、児童の「よさ」を活かすことにつながります。小学校の教員は、基本的に全教科の指導を担っているため、児童の興味関心や特性に合わせて、他教科の学びと外国語学習を連携させやすいと言えます。授業において児童の実態に考慮した学習や活動の内容を設定し、暗記や理解に偏ることなく思考を伴うコミュニケーションや、友達との協働的な学びの場を設定することが、主体的・対話的・深い学びにつながると言えるのではないか、とCLIL実践を通して考えることができました。

11

"Welcome to Nikko."

社会、国語、総合的な学習の時間と関連した国際理解教育としてのCLIL授業
相互文化理解・発信、文構造の気づき

宮田一士

背景

　公立小学校6年生を対象に行ったCLIL授業の指導案です。実践した小学校は栃木県日光市の多様な家庭環境や背景を持つ児童が学ぶ一般的な小学校です。

　日光市は、平成20年度より、教育課程特例校の指定を受けALTと英語指導助手を配置することにより、小学校において第1～6学年まで教科「英語科」を導入し、小学校1年生から英語に親しむことを目的に、音声中心の体験的な英語の授業を展開しています。塾や英会話学校で学んでいる児童もいて、「わたし、英語を習ってるんだ」と楽しみを隠せない様子で話しかけてくる児童もいました。しかし、活動型の英語の授業では、多くの児童は英語に対しては不安があるように見えます。すでに「英語は嫌いだから…」という児童も数名見受けられましたが「いつもより、いろいろ考える問題があったのが楽しかった」「いままでの英語よりずっと楽しかった」「あまり英語が好きではなかったけれど、自分の知っている日光のことを勉強してから英語で発表でき、英語で発表することが好きになりました」と、感想に書いてくれた実践です。

　本実践は、6年生として他教科で学んだことと関連づけて英語で学ぶことを目指しています。アメリカから来たALTとの相互文化理解を目指したやり取りを大切にしながら、外国語活動として実践したものです。

　テーマ設定のきっかけは、国語で「ようこそ、わたしたちの町へ」の単元を終えたこと、鎌倉への修学旅行でのふりかえりをしたこと、この授業の後に、日光市への校外学習があること、ALTが4月から赴任したことです。この4つをつなげて、本物の内容での英語を通したやり取りを児童に体験させたいということがありました。それらの学びと機会を統合し、日本の誇る世界遺産を持つ自分たちのまち日光市について、英語活動でもその学びを深めたいという担任教師の希望でした。

　この授業で児童は、英語を使いながら、自分たちの住む日光市の素晴らしいもの、食べ物や行事の由来を改めて見直します。そこでは、社会科の歴史の学習で訪れる日光東照宮や足尾銅山、総合的な学習の時間で訪れる地域の観光名所の「鬼怒川ライン下り」などで学んだことが活かされるとともに、国語科で考える「引用したり、写真や図を用いたりして、伝えたいことが明確になるように書くことができる」にも結びつけて、相互文化理解・発信に対する意識を高めていくことができます。加えて、学びを通して親しみをもった「自分の住む町のすばらしさ」について、児童が自分のことばを使い、文構造の気づきにつながる既習事項を元に、新教材の単元と関連された短い定型文を書いて発表するという活動を取り入れています。文構造の気づきを促すようにSVOCのカードを作成し（新教材の巻末のカードの活用も含む）、ALTに伝えるという明確な目標をもって、文章や単語を書き写す活動につなげました。児童の興味関心のある場所、食べもの、行事など、本物の教材を使い英語でALTに伝える創作活動を通して、感性を高め、国語の「ようこそ、わたしたちの町へ」の単元の学びともつながり、英語を使うことで、新鮮で創造的な体験にもなると考えました。

　なお、この指導案は、新教材 *We can* Unit2 "Welcome to Japan" を元に、実際には7時間かけて行ったものを、4時間の授業展開にアレンジしたものです。

小学校外国語教育におけるCLIL授業　"Welcome to Nikko."

1 指導者　　小学校学級担任（ALT）

2 対象学年　　6年生

3 外国語活動と教科内容の関わりについて

本授業は、社会の歴史（日光東照宮）、社会科見学で東照宮や足尾を訪れる国語「ようこそわたしたちの町へ」で修学旅行のパンフレット制作、総合の体験活動のライン下りと、多くの教科内容と関連づけており、「水」につながる内容を学びながら、必然的な英語表現を使う工夫をし、内容と言語の統合を図っている。

4 単元目標

［科目内容］

社会：徳川の世は、どんな世の中だったのだろう。

総合：地域学習、日光の観光地を訪ねる。

国語：町のよさを伝えるパンフレットを作ろう。

［英語学習］

• 自分の町の行事や食べ物などの英語と日本語の言い方の違いに気づき、日光の行事や食べ物などを表す表現について聞いたり、話したりできる。（知識／技能）

• 自分の町の行事や食べ物などの伝統文化について、発表する活動を通して、自分の考えや気持ちを伝え合ったり、ALTに紹介したい日光の文化について例を参考に語順を意識しながら書いたりしようとしている。（思考力、判断力、表現力）

• 他者に配慮しながら、主体的に英語を用いて日光の文化について伝え合おうとしている。（学びに向かう力、人間性等）

5 単元評価規準

• 行事や食べ物などの英語と日本語の言い方の違いに気づき、日光の行事や食べ物などを表す表現について聴いたり、言ったりできる。

• 日光の行事や食べ物などの伝統文化について、プレゼンテーションを作ったり、発表したりする活動を通して、自分の考えや気持ちを伝え合ったり、ALTに紹介したい日光の文化について例を参考に語順を意識しながら書いたりしている。

• 他者に配慮しながら、主体的に英語を用いて日光の文化について伝え合おうとしている。

6 学習言語材料

語彙：動作（fishing, dancing, jogging, playing, reading, shopping, singing, etc.）
　　　　日本食・文化（rakugo, hanami, tempura, etc.）
　　　　気持ちや味覚を表す形容詞（fun, interesting, good, delicious, etc.）

表現：Welcome to Nikko! 自分の町のおすすめを表す表現：We have（文化財・行事・食べ物など）in（場所）.
　　　　自分の町で楽しめることを表す表現：You can enjoy ... in（季節）.
　　　　上記のおすすめと楽しめることについての自分の考え：It's ....

7 配当時間と単元内容

1時間目　「ALTや私たちの国の文化には何があるのだろう？」（社会との統合授業）

2時間目　「日本の文化発見・ALTに伝えたいことは？」（社会、総合的な学習の時間との統合授業）

3時間目　「ALTに日光のプレゼンテーションを作ろう」（国語、社会、総合的な学習の時間との統合授業＝本時）

4時間目　「ALTに日光のおすすめについてプレゼンテーションしよう！」

8 CLILの4Csとの関連

Content 内容	ALTに向けて、日光のプレゼンテーションを作ろう。
	国語（町紹介のパンフレットを作ろう）、社会（世界の国々・自分の住むまち） 総合（校外学習・日光東照宮遠足、鬼怒川ライン下りなど）
Communication 学習言語	学習の言語 語彙 　施設・建物（amusement park, aquarium, pool, stadium, temple, etc.） 　動作（fishing, dancing, jogging, playing, reading, shopping, singing, etc.） 　日本食・文化（hanami, tempura, etc.） 　気持ちや味覚を表す形容詞（fun, interesting, good, delicious, etc.） 英語表現：Welcome to Nikko! 　自分の町のおすすめを表す表現：We have ... in（場所）. 　自分の町で楽しめることを表す表現：You can enjoy ... in（季節）. 　上記のおすすめと楽しめることについての自分の考え：It's .... 学習のための言語 Hello, how are you? Let's learn English! Look at the map. What area is this? What card is this? It's .... This is .... Do you know this? What color is this? 学習を通しての言語 準備した語彙以外の日光市のおすすめ（Fireworks festival, spa, Soba festival, Kirifuri-kogen, etc.）
Cognition 思考活動	理解　列挙　推測　判断　評価 日光の文化財について興味を持ち、教師の英語を聞きながら、日光の名所の名前や観光地・食べ物・スポーツに関する英語表現を理解する。 英語を聞くことを通して、少しずつ推測しながら、文化財について考える。 日光地区のどこに関係する文化財や行事、食べ物かを既習の知識を活かし、列挙していく。 自分が紹介したい場所や食べ物について考え、表現するために、判断する。 クラスメートのプレゼンテーションを聴きながら、よいところを判断し、ALTに向けて発表するために、自分たちの英語表現でのエリア別の内容を省察する。
Culture 文化・国際理解 / Community 協学	Solo　Pair　Group　Class 日光の素晴らしさに気づき、世界中から注目されている場所であることを理解し、世界とのつながりに気づく。 Pair 日光地区のどこに関係する文化財や行事、食べ物かを既習の知識を活かして考える。 Group 英語を聞き取りながら、文化財や紹介したいものの絵カードを作成する。その絵カードに関する英語表現を考える。 Class 自分の考えと他のグループや児童の考えを聞いて、比較する。

9 授業展開

3時間目 「ALTに日光のプレゼンテーションを作ろう」

Content（学習内容） 国語、社会、総合的な学習の時間との統合学習

時間	Content （学習内容）	Communication （教師）
2分	挨拶	Hello, how are you? Let's learn English! 本時の学習についてのスモールトークを行う。
15分	導入 ALTに紹介したい、自分たちの考えたキーワードを学級で共有する。どんな紹介にするか考える。紹介文の表現に慣れる。	日光の5エリアの地図を黒板に掲示する。 Look at the map. What area is this? 「どこの地域でしょう？」 It is (Nikko, Kinugawa, Imaichi, Ashio, Yunishigawa). This is Tosyogu. その地域に関連する文化財、食べ物や行事について質問する。 This is a spa and Onsenmanjyu. This is Onsen. Do you know that in English? ジェスチャーをしながら、英語表現を導入する。また、モデルを示したり、児童とのやり取りを通して、前活動に続き地域のよさのアピールの仕方に注目させる。その際、日光の町の様子の写真などを見せる。あらかじめ児童の思考で予想される日光の町の様子の写真を撮っておき、デジタル教材で画面に映し出す。 以下に相当する部分に児童の意識が向くように数人の児童と対話する。 Nikko is a nice city. We have …. You can enjoy …. It's …. 教師側も自己開示し、児童の意欲を喚起する。 本物の自分たちの住む日光の話題でインタラクションを行う。 グループ活動で児童が紹介した日光の文化財等の例： 温泉、東照宮、霧降高原、サル、天然氷、ライン下り、そば祭り、花火大会

用意する教材・教具：日光の地図、日光の有名な観光地・食べ物カード、ワークシートなど
ターゲットとなる英語表現（学習の言語）
　語彙：we, culture, temple, castle, firework, popular, traditional, 日本の行事 (snow festival), 味覚 (sweet, bitter, sour, salty, spicy), soft, hard, chips
　表現：Nikko is a nice city. We have .... You can enjoy .... It's ....

Communication （児童）	Cognition （思考）	Culture / Community （文化理解/協学）
Hello, Mr./Ms. .... I'm fine. OK!	[理解]（話を聞く） 意欲を喚起する。	
日光の5エリアの地図や写真を見て、どこの場所の文化財か考える。 あのエリアには、○○が有名だよ。 ○○もあるね？ ○○も人気かもしれないよ。 教師の後について声に出す。 ジェスチャーしながら身体で発音と意味を理解する。 Where is this area? 教師の英語を聴き、その文化財が日光のどのエリアに関係するかを考える。グループの友達と共有し確認し合う。 関連する文化財、食べ物や行事を知っているか、好きかなどをグループで尋ねたりそのことに対しての個人個人の思いを英語でやりとりしたりする。	[理解]（話を聞く） 日光の文化財について興味を持ち、教師の英語を聞きながら、日光の名所の名前や観光地・食べもの・スポーツに関する英語表現を理解する。 [推測] [列挙] 英語を聞くことを通して、少しずつ推測しながら、文化財を考える。観光地や食べ物スポーツの名前を理解する。 [推測] 日光のどのエリアに関係する文化財や行事、食べ物かを既習の知識を活かして考える。 [判断] 自分が紹介したい場所や食べ物について考え、表現する。	[Class] クラスのほかの児童といっしょに考えながら、英語の意味を理解する。 [Pair] 答えを確認し合う。 [Pair] 答えを確認し合う。

3時間目 「ALTに日光のプレゼンテーションを作ろう」（国語、社会、総合的な学習の時間との統合学習）

前ページより ➡

時間	Content (学習内容)	Communication (教師)
15分	活動1 プレゼンテーションの作り方を知り、グループでプレゼンテーション用ワークシートを完成させる。	Let's make group. ALTに対し、それぞれの紹介したいエリアで内容や行事や食べ物などを出し合い、伝えたいエリアで意図的にグループを組むことで、自分の考えや気持ちを伝えたり、相手の考えをわかったりできるようにする。 プレゼンの資料の作り方について児童と一緒にデモンストレーションをしたり、絵や文字が入ったカードを活用したりすることで、安心して日光の行事や食べ物などを表す表現を使うことができるようにする。 Now, let's think about the presentation. Let's make your card. 日光のそれぞれのエリアに関係するカード作りを行う。 What card is this? と尋ねる。It's [Tosyogu/Spa]. などと答えるように促す。 Do you have…? と尋ねたり、簡単な英語のやりとりを行う。 黒板に教師の作成した日光の紹介文をのせ、自作のカードを使用し、ワークシートを完成させる。できあがったカードをワークシートに当てはめ、文構造の気づきを促す。 Welcome to Nikko. We have (a fireworks festival/Tosyogu/a spa). You can enjoy (hanami/tempura). It's (delicious/fun).
13分	活動2 各グループで作成したプレゼンテーションを学級全体で共有する。	「それぞれのエリアでどんなプレゼンテーションができただろう？」 実物投影機で各班ごとに、作成したワークシートを見せながら、発表する。 最終的に自分たちの紹介したい日光のよさをALTに紹介し、身近な話題であることを認識させる。 日本と世界がつながっていること実感させる。
	ふりかえり・まとめ	次回は、今回作ったプレゼンテーションを用いて練習したり、写真などを使ってさらにわかりやすく説明できるよう工夫したりすることを伝える。 Let's look back at today's lesson. How was that? 児童の活動を褒めて終わる。 You did a wonderful job! That's all for today. See you, everyone!

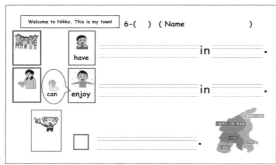
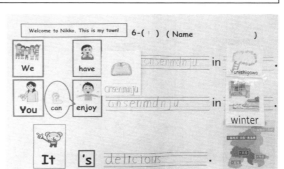

Communication (児童)	Cognition (思考)	Culture / Community (文化理解/協学)
自分の紹介したいエリアの文化財・行事・食べ物などを、カードに絵を描いたり、文字を書き写したりする。 教師から Do you have ...? など、紹介したい文化財について教師とやり取りする。	[推測] [理解] 絵カードを作成しながら、英語を聞き取り文化財や紹介したい物に関する英語表現を理解する。	[Group] 友達と協力して、何のカードが必要かを考える。
作ったプレゼンテーションをグループ内で発表したり、学級全体で共有したりすることで、プレゼンテーションで使う表現を確認し、慣れ親しむことができるようにする。	[推測] [洞察] 発表者のプレゼンテーションを聴きながら、英語表現でのエリア別の内容を考える。	[Class] [Solo] [Pair] 日光の素晴らしさに気づき、世界中から注目されている場所であることを理解し、世界とのつながりを考えさせる。
感想や学べたことなどを共有する。 Thank you, Mr./Ms. …. Good-bye!	[統合] 日光の文化の表現について学んだことをふりかえる。	[Class] 自分の考えと他の児童の考えを比較する。

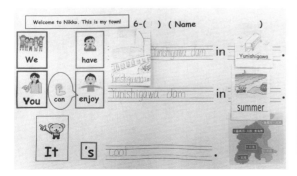

10 指導案をもとに実施した授業例と省察

① CLILは、相互文化理解、発信の内容によって、児童の主体的な学びを促進する

　今回の実践授業の結果と考察から、小学校外国語活動においてCLILを取り入れることは十分可能で、多くの成果が得られることがわかりました。本物を取り入れた内容は、児童の知りたい、学びたい気持ち、興味・関心を喚起し、学習意欲を持続させることにつながります。CLIL（Content and Language Integrated Learning）の内容をともなった言語活動は、児童に意味のある自然なやり取りとなり児童の積極的なコミュニケーション活動に結びつき、他教科との関連を図ることで、児童が自分の得意分野を通して、英語への興味・関心、理解を深めることができました。教科横断的に行うことで、さまざまな活動ができるので、児童は、できる機会が増え、教師はほめる機会が増えます。

　児童の発達段階にあった思考活動を取り入れることで、内容と言語の定着が図れました。ここでも、他教科との関連や、多感覚で学ぶことで、個々の児童の得意な感覚・感性からのアプローチもできたと言えます。覚える、知るだけでなく、思考を意識して授業を展開し、思考の時間を十分にとることで、集団や個人で深く学び合う時間がとれます。さらに協同学習においては、教師と児童、児童同士のペアやグループ、学級全体といろいろな形態での学び合いができました。教科横断的なCLILの教授法は、他の主要教科に比べて習熟度の差を大きく感じさせることがなく、とても有効な児童間の相乗効果が表れていたと考えます。今回の"Welcome to Nikko."のCLILの授業では、意識して4Cを取り入れることで、新学習指導要領で示されている目標の一つである、文構造の気づきを促す活動の実践につながると感じました。

② CLILは担任主導のユニバーサルデザインによる授業と教科横断型授業を推進する

　CLILの理論を学び、実践・検証を行うことを通して、4Cの重要性に加えて、CLILの授業は視覚、聴覚、心情に訴える要素を多く含むので、多感覚で、ユニバーサルデザインの視点も多く含まれていると感じました。多感覚・ユニバーサルデザインで行うことを授業で意識することで、教師として他教科では落ち込んでいる児童や英語に苦手意識を持っている児童に対し、できる喜びや学習する楽しさを感じさせることができ、さまざまな特性をもつ児童に輝けるチャンスを与えることができることが実証できました。CLILは、小学生の6歳から12歳という幅広い発達段階や多くの教科に関わっている小学校の教員の特性を活かして外国語教育を実践できるものであるとも感じ、児童の持つ可能性の大きさにも改めて気づかされました。

　2018年度より2年間の移行期間の後2020年度に3、4年生で外国語活動、5、6年生で外国語科が全面実施されます。特別な支援を要する児童も含め、多様な児童の発達段階に合った指導をしなければならないと考えます。このような状況を考える上で、CLILの授業で、本物の内容や他教科との関連を図るなど、新学習指導要領の目標、移行期間に使用する新教材との関連も深いCLILの学習方法は、日本の小学校英語教育の輝かしい未来につながるものであることは間違いないと考えます。CLILを取り入れた授業は、コミュニケーションを図る素地を養うだけでなく、コミュニケーションの基礎となる資質・能力を養うための要素を十分に備えているといえます。今後は、新教材や教科化にともないCLILを取り入れた授業を数多く実践できるよう新教材や教科書の教材研究を進めていきたいと考えます。

CLIL 授業における評価について
すべての児童の学びをみとる評価の工夫

CLILの評価は第1章にあるフィンランドの実践の章にあるFINNISH TIPS 34から36で述べられているとおり、外国語の知識と技能・内容理解・思考や協学／相互文化理解を取り入れた学びをどのようにみとるか、その評価方法については現在の主要な課題でもあります。言語レベルについてはヨーロッパ言語共通参照枠（CEFR）を指針とし、協調テストやタスク中心言語テスト等の技能統合型テスト等とともに、授業でのワークシートや成果物等のポートフォリオによる形成的評価を取り入れて、長期的観点から一人一人の学びをみとり、相互文化理解コミュニケーション能力を持つ自立的学習者を育成することを目標として、評価をしていくことが求められています。

　上記の評価の探究は、今後の日本の外国語教育においても大きな示唆となりうると考えられます。

　ではなぜそのような評価が求められるのでしょうか。

　新学習指導要領による外国語教育の目標においては、「何ができるようになるか」という観点から、CEFRを参考に目標を新しく設定することとなりました。同時に、新学習指導要領では、外国語教育のみならず、全教科に示された以下の文言があります。

　　「障害のある児童／生徒などについては、学習活動を行う場合に生じる困難さに応じた指導内容や指導方法の工夫を計画的、組織的に行うこと」

　さらに外国語教育では以下の文言が示されています。

　　「他者とコミュニケーションを行うことに課題がある児童／生徒につには、個々の児童／生徒の特性に応じて指導内容や指導方法を工夫すること」

　前述したとおり、文科省の調査によると、日本の公立学校には通常学級において約6.5％の児童・生徒が学びに難しさを抱えているという調査結果が出ています。実際にはそれより多くの割合で学習に困難を抱えている多様な児童がいるということが、現職の教師から指摘されています。外国語教育において、それを考慮した上記の外国語教育における指導内容・方法に基づく評価の方法は、今後の課題のひとつとなることが考えられます。多様な児童の特性を活かしながら、学びをみとり、促す評価の工夫が必要となるのです。

　本書では、Hi, Friends!やWe can!などの文部科学省による小学校外国語教育のための教材を考慮しつつ、ソフトCLIL授業を提案しています。したがって単元目標については、Communication（言語の学び）に関するものを中心に提示しています。それぞれの単元にある評価基準に即して、児童のCLIL授業活動における行動観察、やりとりや発表における形成的評価、ワークシートや作品などの成果物によるポートフォリオ、また児童のふりかえりシート等を取り入れて、多角的観点から評価していくことが求められます。

ここで本書にある "What would you like?" における評価を、児童の実際のワークシートなどを参考に、説明します。

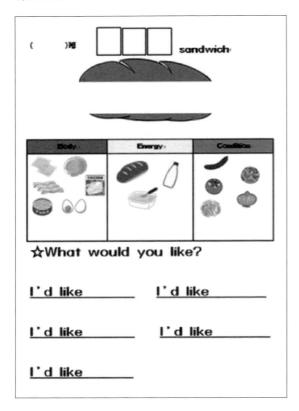
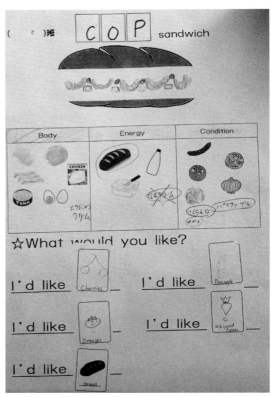

上記の活動は通常の授業評価の観点からは、以下のように学びをみとることができます。

① 知識・技能	What would you like? I'd like ....の表現と食品・食材の語彙を使った丁寧な言い方を使って、欲しいものを尋ねたり答えたりできる。 （行動観察・ふりかえりシート） サンドイッチにある3つの食材の語彙を推測しながら読み、最初の大文字3文字を使って書くことができる。 （行動観察・ワークシート記述分析）
② 思考力・表現力・判断力等	丁寧に注文を尋ねたり答えたりして、考えを伝え合おうとする。丁寧な表現についての文構造や食材に関する語彙を推測しながら読んだり、書いたりする。 （行動観察・ワークシート記述分析・ふりかえりシート）
③ 学びに向かう力・人間性	他者に配慮しながら、丁寧に注文を尋ねたり答えたり、メニューについて伝え合ったりしようとする。 （行動観察・ふりかえりシート）

上記の評価に、本書にあるCLILの内容の目標と4Csの視点を取り入れて学びをみとると、以下の通りになります。

① 知識・技能	What would you like? I'd like ....の表現と食品・食材の語彙を使った丁寧な言い方を理解して、欲しいものを尋ねたり答えたりできる。 サンドイッチにある3つの食材の語彙を推測しながら読み、最初の大文字3文字を使って書くことができる。
	家庭科の3つの栄養バランスを考慮した健康的な食事に関する学び、国語の丁寧な表現と図画の創意工夫の学びと言語の学びをつなげる。
② 思考力・表現力・判断力等	丁寧に注文を尋ねたり答えたりして、考えを伝え合っている。丁寧な表現についての文構造や、サンドイッチの食材に関する語彙を、推測しながら読んだり、自分のサンドイッチや欲しいサンドイッチの文字を書いたりする。
	理解 選択 列挙 分析 評価 創造 食品の赤・黄・緑の3つの働きについて考え、栄養バランスのとれたヘルシーサンドイッチを分析し、創造する。 メニュー創作の際には、聴覚的のみならず視覚的・動作的な活動から、食材の語彙カードを使いながら、日本語と英語の丁寧な表現の文構造について認識し、上記の食のバランスを考慮しながら食材の語彙を選択し、それぞれの語彙の初頭の大文字をアルファベット順に列挙して、サンドイッチ名を命名する。 オリジナルサンドイッチを販売する際に、視覚的にも魅力が伝わるように、食材の配置等について、分析・評価しながら、創意工夫する。
③ 学びに向かう力・人間性	他者に配慮しながら、丁寧に注文を尋ねたり答えたり、メニューについて伝え合ったりしようとする。
	多様な食文化についても関心を高め、協働してサンドイッチのメニューを考え、グループで工夫して考えたメニューが英語を通じて友達の手に渡る喜びや，健康に考慮しながら自分の嗜好にそうサンドイッチを選ぶために、積極的にたずねたり、伝え合ったりしようとする。

　CLILを取り入れることにより、①外国語と教科横断型学びの言語と教科横断的内容の統合により活きて働く知識・技能、②思考を使った深い学びによる、未知の状況にも対応しうる思考力・判断力・表現力等、③他者に配慮しながら、主体性・多様性・協働性を持ち、それを活かそうとする学びに向かう力・人間性について、児童一人一人の特性を鑑み、授業での学びをより深くみとることができるようになります。

　実際に、一柳氏はCLIL実践を「児童の良さを生かせる授業」と述べ、以下のように授業を考察しています。

「外国語活動を実践していると、「正しく言えること」、「大きな声で発表できること」など表現の正確さやパフォーマンスの高さに目を向けがちになります。しかし、表現が苦手な児童、学びに難しさを抱える児童にとっては、これらが「英語に自信がない」、「英語は難しい」と苦手意識を持たせる原因の一つになっていると感じていました。今回のCLIL実践では、「メニューを考えること」や「メニューを絵で表現すること」を活動に設定したことで、家庭科が好きな児童や、絵が得意な児童を活かすことができました。実際に、言葉で表現し、伝えることが苦手な児童が、休み時間になっても丁寧にメニューの絵を描き続ける姿がありました。その児童は、自分の描いた絵のサンドイッチを買ってもらえるように、"What would you like?"と小さい声ながら一生懸命注文を聞き、自分の作ったサンドイッチが友達の手に渡ると、とても嬉しそうな笑顔を見せていました。さまざまな課題を抱える児童が多くなりつつある学校現場において、他教科の学習を取り入れたり、多様な思考ツールや活動を取り入れたりすることは、児童の「よさ」を活かすことにつながります。小学校の教員は、基本的に全教科の指導を担っているため、児童の興味関心や特性に合わせて、他教科の学びと外国語学習を連携させやすいと言えます。授業において児童の実態に考慮した学習や活動の内容を設定し、暗記や理解に偏ることなく思考を伴うコミュニケーションや、友達との協働的な学びの場を設定することが、主体的・対話的・深い学びにつながるといえるのではないか、とCLIL実践をとおして考えることができました。」

事実、上記の実践では、通常の外国語授業で苦手意識を持っている児童のふりかえりシートには、以下の省察が見られました。

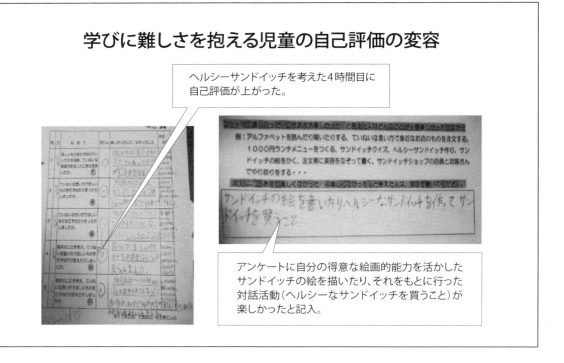

すべての学習者の学びを促す外国語教育の実現のために、
本書で提案するCLIL実践がその一助になることを願っています。

編著者

笹島 茂（ささじま しげる）

山野 有紀（やまの　ゆき）

執筆者（50音順）

磯部 聡子（いそべ さとこ）

一柳 啓子（いちやなぎ けいこ）

大城戸 玲子（おおきと れいこ）

蒲原 順子（かんばら じゅんこ）

祁答院 惠古（けどういん えいこ）

坂本 ひとみ（さかもと ひとみ）

高野 のぞみ（たかの のぞみ）

滝沢 麻由美（たきざわ まゆみ）

町田 淳子（まちだ じゅんこ）

松浦 好尚（まつうら よしひさ）

宮田 一士（みやた かずし）

Heini Marja Pakula（ヘイニ・マリヤ・パクラ）

Taina Wewer（タイナ・ヴェーヴァー）

学びをつなぐ小学校外国語教育のCLIL実践

「知りたい」「伝え合いたい」「考えたい」を育てる

2019年5月30日　第1刷発行

編 著 者　笹島 茂　山野 有紀

発 行 者　前田 俊秀

発 行 所　株式会社 三修社

　　　　　〒150-0001 東京都渋谷区神宮前 2-2-22
　　　　　TEL　03-3405-4511
　　　　　FAX　03-3405-4522
　　　　　振替 00190-9-72758
　　　　　http://www.sanshusha.co.jp/
　　　　　編集担当　永尾 真理

装丁・DTP　秋田 康弘

印刷・製本　壮光舎印刷株式会社

英 文 校 正　Fegan Corey

本文イラスト　和田 慧子

©2019 Printed in Japan ISBN978-4-384-05928-1 C1082

JCOPY〈出版者著作権管理機構 委託出版物〉

本書の無断複製は著作権法上での例外を除き禁じられています。複製される場合は、
そのつど事前に、出版者著作権管理機構（電話 03-5244-5088 FAX 03-5244-5089
e-mail: info@jcopy.or.jp）の許諾を得てください。